Johannes Kuhn (Hg.)

Der Engel leuchtende Spuren

Johannes Kuhn (Hg.)

Der Engel leuchtende Spuren

Ein Lesebuch für stille Stunden

Mit Fotos von Ewald Stark

Quell

Meiner lieben Frau

Mit ihr zusammen
habe ich manchmal erfahren:

»Wir sind Engel
mit nur einem Flügel.
Um fliegen zu können,
müssen wir uns umarmen«

LUCIANO DI CRESCENDO

1. Auflage 1991, 1.–8. Tausend
2. Auflage 1994, 9.–11. Tausend

ISBN 3-7918-2384-1

Umschlaggestaltung: Heinz Simon, Quell Verlag
Umschlagmotiv: Melozzo da Forli »Angelo musicante«

Satz und Druck: Ebner Ulm

Inhalt

In der Gestalt unseres Nachbarn

ENGEL MITTEN IM ALLTAG

Treib uns ins Paradies

ENGEL DER LIEBE UND FREUNDSCHAFT

Weit hinaus über Himmel und Erde

ENGEL AN DEN GRENZEN DES LEBENS

Wo finden wir die Engel?

Es gab Zeiten, da haben Theologen darüber gestritten, wie viele Engel auf der Spitze einer Nadel Platz haben. Als Geistwesen wurden sie damit anderen Dimensionen zugeordnet als wir Menschen. Zugleich sollte damit bestätigt werden, daß sie körperlos, ätherisch und fern von Raum und Zeit anzusiedeln sind.
In der Reformationszeit kannte man kaum eine Engelverehrung. Zwar wurde die Existenz von Engeln akzeptiert, aber Adressat für alle Gebete und Quelle des Glaubens war in erster Linie der dreieinige Gott. Engel blieben stille, blasse Figuren. Heute werden die unterschiedlichsten Beschreibungen für Engel gewählt. Sie sind »Teil unseres Selbst« oder »blitzartige Erhellungen des Gewissens«. Manche reden auch von Visionen und Traumfiguren.
So erinnere ich mich an den Traum einer Hörerin. Wenige Tage vor ihrem Tod träumte sie, wie eine weiße Gestalt ihr eine Tür öffnete und sie in einen weiten Garten führte. Es war ein herrlicher Garten, der mit einer zweiten Tür abschloß. Als sie durch diese zweite Tür hindurchging, drehte sie sich noch einmal um und erkannte weit in der Ferne ihren Mann. Sie winkte ihm zu, so, als sollte er mitkommen. Aber die weiße Gestalt, von ihr als Engel bezeichnet, gab mit gebieterischer Geste zu verstehen, daß er weit weg bleiben müsse. Solche und ähnliche Traumvisionen, in

denen Engelfiguren eine Rolle spielen, gibt es – auch nach Berichten von Therapeuten – heute häufiger. So hat die moderne Wissenschaft sozusagen den Weltraum von Engeln entvölkert, sie dort heimatlos gemacht, aber um so mehr sind diese besonderen Wesen in den menschlichen Seelen und ihren Urgründen daheim.

Und je rationaler unsere Zeit wird, um so mehr wächst das Bedürfnis nach Anzeichen einer heilen Welt, nach Signalen und Symbolen für Geborgenheit. Unsere Sprache kennt viele Bedeutungen für das Wort »Engel«. Wenn uns mitten im Alltag ganz unverhofft jemand hilft, dann sagen wir gerne: »Sie sind ein Engel!« Wenn wir mit einer Autopanne am Straßenrand stehen, kommt »ein gelber Engel«, um unser Auto wieder flottzumachen. Als »Engel von Sibirien« wird Elsa Brändström bezeichnet, weil sie Kriegsgefangenen in bitterster Not beistand. Engel als Zeichen für etwas Außerordentliches und sogar auch Beglükkendes, wie es in dem nachdenklichen Satz von Luciano de Crescendo zum Ausdruck kommt: »Wir sind Engel mit nur einem Flügel. Um fliegen zu können, müssen wir uns umarmen.«

Mancher von uns macht die Erfahrung: Wenn er in den Himmel hinaufschaut, kommt er ihm vor, als liege der wie eine graue, schwere, dunkle Kuppel über ihm. Alles ist dicht, keiner kommt durch. Was wir können, ist bestenfalls, mit den vielen Beleuchtungen in den Städten den Himmel etwas rötlich färben. Aber die Kuppel zu durchstoßen, das gelingt uns nicht. Da muß schon einer von der anderen Seite kommen. Eben diese Bewegung Gottes ist es, die sich im Bild der Engel widerspiegelt. Die Bibel spricht in ihrer bildhaften Sprache von ihnen als »dem Aufgang aus der Höhe«.

Ich habe ein paar Zeugnisse von Zeitgenossen über die Engel gesammelt:

»Alles, was uns unbegreiflich bleibt in der lächerlichen Zeitspanne zwischen dem ersten Schrei und dem letzten Hauch (und das Unbegreifliche nimmt jeden Tag zu im Zeitalter des Begreifens) – für all das aus der Hand des Herrn brauchen wir den Vermittler, um es zu empfangen: den Engel. Denken wir den Vermittler weg, bricht unsere Welt zusammen. Nicht *die* Welt, *unsere* Welt. Der Herr, der den Kosmos in den Händen hält und allein die Zahl der Sonnensysteme kennt, er braucht seine Engel nicht. Aber wir brauchen sie« (Christian Ferber).

». . . ich empfinde den Engel manchmal als den Todbringer, der leise anrührt und hinwegführt. Die verwitterten, weißen Marmorengel unserer Friedhöfe sind mir vertraut. Mein Engel ist stumm und wächsern. Ich habe einmal um ein Kind gebangt. Ich fürchtete den Engel. Er schien mir dem Kind aus den Augen zu schauen« (Karl Korn).

»Zur Verkündigung gehören zwei: der Engel aus der Höhe, und die Hirten auf dem Felde. Ob uns heute der Engel noch einmal zum Heiligen Abend besuchen könnte, weiß ich nicht. Daß aber die Hirten auf dem Felde nicht da sind, weiß ich wohl. Möglicherweise

spricht es noch aus der Höhe zu uns. Allein, wo ist das Ohr, die Botschaft zu vernehmen?« (Thilo Koch).
». . . die Engel sind immer unbegreiflich dieselben für unsere Vorstellungen, von den Kindertagen bis jetzt. Sie sind niederschießende Bewegung, Licht und Gesang, weißer Schein in der Schwärze der irdischen Nacht. Die lieben Kindheitslieder an der Krippe fallen uns schwer, uns Ältergewordenen. Aber das ›Gloria‹ der Engel widerhallt stärker als früher in unseren Herzen. In uns, die ein halbes Menschenalter gelehrt hat, daß es darauf allein ankommt: dem Gott in der Höhe Ehre zu geben und untereinander auf Erden Frieden zu halten« (Vilma Sturm).
Die Bibel rechnet ganz selbstverständlich mit Engeln, den Boten Gottes, die uns etwas Wichtiges sagen wollen. Engel warnen, deuten, trösten, stärken. Sie begleiten Menschen, versperren aber auch Wege. Sie zeigen Grenzen, eröffnen aber auch neue Perspektiven. Es kommt nicht darauf an, wie sie aussehen, sondern auf das, was sie sagen. Ist uns nicht schon mancher zu einem Boten Gottes geworden? Engel also in der Gestalt eines Menschen? Wir mögen uns dagegen wehren, aber haben wir nicht alle schon einmal erlebt, daß uns einer getröstet, die Furcht aus dem Gesicht gewischt oder die Wahrheit Gottes so weitergesagt hat, daß wir anders weitermachen konnten als bisher?
So weit reichen also Gottes Möglichkeiten. Das können wir füreinander sein. Der Auftrag der Engel ist bis heute nicht erloschen. Immer wieder können wir's

erleben, daß uns, die wir gegenüber einem Ereignis blind waren, als wären uns die Augen gehalten, plötzlich die Augen aufgetan werden und wir etwas erkennen von der Kraft der Boten Gottes. Wir sollten uns wenigstens offenhalten für Gott und seine Engel. Sie sind Gottes Möglichkeit.

Engel werden von vielen Menschen erhofft – nicht nur im Christentum. Ich erinnere mich an den Besuch einer Moschee in Jerusalem. Zwei Mädchen kamen herein, neigten am Eingang ihre Köpfe nach links und nach rechts. Dann beteten sie. Später gingen sie wieder. Und ehe sie ins Freie hinaustraten, wiederholte sich derselbe Vorgang. Ich erkundigte mich nach der Bedeutung dieser Gesten und erfuhr folgendes: Beim Betreten der Moschee verabschiedeten sie sich vom Schutzengel, weil sie in der Moschee direkt unter dem Schutz Gottes standen. Beim Hinausgehen in die Welt der Gefahren baten sie den Engel wieder um seine Begleitung.

Engel stehen für die religiöse Erfahrung, daß der Mensch nicht allein ist auf der Welt. Engel sind das, was Gott ihnen zu sein befiehlt. An den Engeln wird deutlich, daß die unsichtbare Welt Gottes, von der es im Nizänischen Glaubensbekenntnis heißt: daß Er, der Schöpfer »alles des, was sichtbar und unsichtbar ist«, uns täglich und stündlich umgibt und nicht nur irgendwo weit da droben ist. Darum beten wir ja für diejenigen, die wir in äußerer oder innerer Not wissen: »Schick ihnen deine Engel, die sie leiten auf guten und ehrlichen Wegen, daß sie die Reihen öffnen,

wenn Freunde nahen, und ihre Flügel wie ein Schutzwall schließen, wenn Böses heranwill.«
Gott hat viele Möglichkeiten, »der seine Engel zu Winden und seine Diener zu Feuerflammen machen kann« (Hebräer 1,7). Engel Gottes – sie sagen uns, daß wir in guter Hut sind, trotz allem, was von allen Seiten auf uns einstürmt.

Engel

Immer geht ihr uns voraus
legt im Leben eure Spuren –
seid, wo immer wir zu Haus
Gegenwart auf unsern Fluren.

Keiner, der euch je erlebt,
wird vergessen, wie's ihm ward,
wenn im Alltag, dichtgewebt,
euer Flügelschlag genaht.

Wer davon gestreift, berührt,
sieht ein Leuchten aufgeglommen,
wird aus mancher Nacht geführt
und ins Licht hinaufgenommen.

Engel – segensreiche Boten,
stehen für ein gut Geleit,
das Gott in die Welt verwoben,
Zeichen für Geborgenheit.

JOHANNES KUHN

Behütet auf allen unseren Wegen

ENGEL ALS BEGLEITER UND BESCHÜTZER

Unter Gottes Schutz

Denn der Herr ist deine Zuversicht,
der Höchste ist deine Zuflucht.
Es wird dir kein Übel begegnen,
und keine Plage wird sich deinem Hause nahen.
Denn er hat seinen Engeln befohlen,
daß sie dich behüten auf allen deinen Wegen,
daß sie dich auf den Händen tragen
und du deinen Fuß nicht an einen Stein stoßest.
Über Löwen und Ottern wirst du gehen
und junge Löwen und Drachen niedertreten.
»Er liebt mich, darum will ich ihn erretten;
er kennt meinen Namen, darum will ich ihn schützen.
Er ruft mich an, darum will ich ihn erhören;
ich bin bei ihm in der Not,
ich will ihn herausreißen und zu Ehren bringen.
Ich will ihn sättigen mit langem Leben
und will ihm zeigen mein Heil.«

PSALM 91

Bleibt, ihr Engel, bleibt bei mir

Immer mehr Menschen fragen nach den behütenden und bewahrenden Kräften in einer Zeit von Chaos und Zerstörung. Sie suchen Zugang zu jener Welt, die jenseits der Welt liegt, die so entschlüsselt zu sein scheint. Sie fragen nach Gott und ob er Anteil nimmt an dem, was er geschaffen hat. Daß die Welt voller Engel ist, weil Gott eben seine Welt nicht aufgegeben hat, dies ist nicht beweisbar. Es ist eine Sache des Vertrauens, sich der Zusage des 91. Psalms zu öffnen: »Denn er hat seinen Engeln befohlen, daß sie dich behüten auf allen deinen Wegen.« Gott läßt die Menschen durch seine Boten wissen, daß sie sich geborgen fühlen können.

Von Johann Sebastian Bach gibt es eine Kantate zum Michaelisfest, in der dieses Psalmmotiv besungen wird:

»Bleibt, ihr Engel, bleibt bei mir!
Führet mich auf beiden Seiten,
daß mein Fuß nicht möge gleiten.
Aber lehrt mich auch allhier,
euer großes Heilig singen
und dem Höchsten Dank zu bringen.
Bleibt, ihr Engel, bleibt bei mir.«

Eigentlich kann man darüber nur staunen, daß Gott eine solche Bewegung auslöst, die sich bis in den per-

sönlichen Bereich hinein auswirkt. Der Engel freilich bleibt ein Geheimnis Gottes. Oft ist das Erschrecken aufgrund seiner Erscheinung groß, und seine ersten Worte lauten deshalb: »Fürchte dich nicht!«
Wer den Engel Gottes zu beschreiben versucht, wird es nur tastend tun können, etwa wie Romano Guardini: »Der Engel ist Geist, nur Geist. Nicht dem Leibe feindlich, aber unleiblich. Alle Höhe, Tiefe, Weite des Sinnes und der Wesenheit ist sein Bereich. Er steigt auf, dringt ein, durchmißt. Das drückt sich in den Flügeln aus: Der Engel ist der Fliegende.«
Manche, die Schreckliches erlebt haben, fragen berechtigterweise: Wo war denn dieser Engel, als mein Kind verunglückte? Wo war sein Schutz, als mein Sohn in der Lawine umkam? Und trotzdem, wenn es im Psalm heißt, daß Engel auf allen Wegen Menschen behüten, dann sind damit auch die Wege durch das Sterben hindurch gemeint. Die Boten Gottes begleiten über die Schwelle des Todes, wo alle Lebenden zurückbleiben müssen.
Behütet auf allen Wegen, auf Händen getragen auf so sorgsame Weise, daß der Fuß nicht an einen Stein stoßen soll. So achtet Gott auf uns, so begleitet er uns, gerade in großer Not breitet er Flügel über uns Menschen aus.

JOHANNES KUHN

In guter Hut

Wer wünscht es sich nicht, daß sein Leben unter einer großen und guten Hand aufwachsen darf! So viele Hände greifen nach uns und bedrohen uns – davon wissen wir genug zu erzählen. Aber kennen wir auch die Erfahrung, die Dietrich Bonhoeffer einzigartig zum Ausdruck gebracht hat:

Von guten Mächten wunderbar geborgen,
erwarten wir getrost, was kommen mag,
Gott ist mit uns am Abend und am Morgen
und ganz gewiß an jedem neuen Tag.

Manche fangen an zu lächeln, wenn man von Engeln redet. Sie zucken mit den Schultern und tun so, als wäre das alles »von gestern«. Es sind aber dieselben Leute, die über die dunklen Mächte unserer Zeit erschrecken. Sie sprechen von diesen dunklen Mächten und ihrer oft dämonischen Gewalt in fatalistischen Beschreibungen. Warum meinen wir, nur dunkle Mächte akzeptieren zu sollen? Warum begreifen wir nicht, daß Gott uns »von guten Mächten« umgeben sein läßt? Und warum sind wir, Nachfahren der Aufklärung, so überheblich, daß wir den Boten Gottes, den Engeln, in unserem Leben nicht trauen?
Sicher, es ist zu lernen, daß sie nicht den Bildern entsprechen, die wir von ihnen haben. Sie haben vielmehr das Wesen und die Mitteilung dessen, was Gott

ihnen aufträgt. Es wird um unser ganzes Leben herum solcher Boten Gottes bedürfen, damit »sie dich behüten auf allen deinen Wegen«. Ob es verschlungene, steile Pfade sind, die abrupt enden, oder ob es ein langer Weg ist, den wir noch vor uns haben. Wie auch immer, es bleibt über ihnen stehen: »Behütet«. Es wird darauf ankommen, daß wir das auch an die jüngere Generation weitergeben: Du bist nicht einfach in diese Welt hineingeschickt wie ein Fremdling, der sie irgendwann wieder verläßt. Diese Welt will für dich wie ein Haus sein. Da sind welche, die waren vor dir da. Andere erwarten dich, um dich von einer Tür zur anderen zu geleiten, Boten Gottes, ohne die wir oft vor verschlossenen Türen und abgebrochenem Weg stünden. Gottes Hände reichen weiter als unsere Gedanken. Sie reichen bis dorthin, wo wir nicht mehr weiterkönnen und an das Ende unseres Lebenswegs gelangen. Und trotzdem will wahr werden: behütet auf allen Wegen!

»Ach Herr, laß dein' lieb' Engelein
an meinem End die Seele mein
in Abrahams Schoß tragen.
Der Leib in sein Schlafkämmerlein
gar sanft ohn einge Qual und Pein
ruh bis zum Jüngsten Tage.«

Martin Schalling (EKG 247,3)

JOHANNES KUHN

Der Schutzengel

In den neunziger Jahren, so erzählte mein Onkel, schickte ich mich zu meiner ersten Auslandsreise an. Bis dahin war ich über die Grenzen unserer Ostseeprovinzen noch nicht hinausgekommen, abgesehen von einem kurzen Besuch in Petersburg und von der Freiwilligenzeit, die ich bei den Dragonern in Suwalki verbrachte.

In der letzten Nacht vor der Ausreise von Riga hatte ich einen Traum von größerer Deutlichkeit, als sie Träumen insgemein eigen ist. Ich ging die Alexanderstraße entlang, die merkwürdig unbelebt war. In der Ferne sah ich einen Wagen mit einem weißen und einem braunen Pferde bespannt; er näherte sich rasch. Jetzt meinte ich in den Pferden den Schimmel des Stabstrompeters aus Suwalki und den Braunen meines Wachtmeisters zu erkennen, aber da begannen sie sich zu verdunkeln und wurden nun zu Rappen. Sie trugen Trauerschabracken und nickende schwarze Pleureusen. Der Kutscher war im Dreimaster und in einem weitfaltigen pelerinenartigen Trauermantel, aber neben ihm saß ein grüngekleideter Mann auf dem Bock. Hierüber wunderte ich mich, und auch die einem Leichenwagen wenig angemessene Fahrtgeschwindigkeit hatte etwas Befremdendes.

Mit einem Male fühlte ich, daß zwischen diesem

Fuhrwerk und mir eine Verbindung bestand. Im gleichen Augenblick lenkte es schräg über die Straße auf mich zu. Ich sah jetzt, daß ich es mit einem richtigen Leichenwagen zu tun hatte, und nun hielt er auch mit einem plötzlichen Ruck an; er hielt unmittelbar vor mir. Der Diener sprang vom Bock. Ich gewahrte, daß er einen langschößigen grünen Livreerock mit blanken Knöpfen und goldenen Ärmeltressen anhatte; auch das kleine grüne Käppi war mit goldenen Borten besetzt. Es war ein Mann über Mittelgröße; er hatte ein blasses, längliches, glattrasiertes Gesicht. Die braunen Augen hatten einen Ausdruck munteren Erstaunens, die Lippen waren voll, aber nicht sehr farbig, die rötlichen Ohren standen ab. Am Kinn, dessen wenig hervortretende Formen etwas kindlich Liebenswürdiges hatten, befand sich eine rundliche rote Narbe, etwa in der Größe eines Rubelstücks. Der ganze Eindruck war ein angenehmer. Später habe ich mich gewundert, daß alle diese Einzelheiten sich mir so unverwischt und wahrnehmlich zur Schau stellten; dergleichen ist in Träumen nicht gewöhnlich.

Ich sah jetzt, daß der schwarze Wagen, obwohl der doch unanzweifelbar ein Leichenwagen war, etwas von einer altväterischen Kalesche hatte, wie sie bei uns auf dem Land häufig in Benutzung waren. Der Diener nahm sein Käppi ab und öffnete den Schlag. Hierbei sah er mich an und lächelte, und dieses Lächeln hatte etwas höflich Gewohnheitliches und zugleich wiederum eine Beimischung von natürlicher

Herzlichkeit. Es war klar, daß ich zum Einsteigen aufgefordert wurde.
Ich fühlte mich angelockt und abgestoßen zugleich. Ich stand verlegen und schwankte. Plötzlich überkam mich eine Empfindung äußersten Widerwillens. Obwohl ich nichts sagte und sie auch durch keine Gebärde ausdrückte, schien sie sich dem Diener sofort mitzuteilen. Ohne den angenehmen Ausdruck seines Gesichts irgendwie zu ändern, schloß er den Schlag, setzte sein Käppi auf und stieg wieder zum Kutscher auf den Bock. Der Wagen fuhr augenblicks in scharfem Trabe davon. Dieser Gangart zum Trotz drückte er jedoch vollständig und jedes Mißverständnis unmöglich machend alle Eigentümlichkeiten eines Leichenwagens aus, ohne daß ich zu sagen vermöchte, auf welche Art dies geschah.
Als wäre der Ruck, mit dem das Gefährt sich in Bewegung setzte, durch mich selber hindurchgegangen, spürte ich ein Zucken und erwachte. Es war noch dunkel. Eine Weile dachte ich meinem Traume nach und wunderte mich über die Schärfe, mit welcher die Erscheinung und die Gesichtszüge des Livreebedienten sich mir eingeprägt hatten. Dann ermüdete ich und schlief abermals ein.
Am Abend reiste ich ab. Ohne mich in Deutschland aufzuhalten, fuhr ich geradenwegs nach Paris. Ich brauche meine Gemütsverfassung nicht zu schildern, ein jeder wird sie sich nachbilden können. Wie Paris auf mich wirkte, wie die Unermeßlichkeit der Überwältigungen mich beglückte und bedrängte, bis sich

endlich ein Gleichgewicht bilden wollte, das gehört nicht in diesen Zusammenhang. Genug, daß ich bestrebt war, mir alles Neue anzueignen, auf welchen Gebieten es auch sein mochte.

Zu diesem Neuen gehörte, obzwar keineswegs an hervorragender Stelle, auch eine Gattung von Kaufhäusern, wie sie damals noch ungewöhnlich war, riesige, durch mehrere Stockwerke sich erstreckende, zahllosen Bedürfnissen Genüge tuende Magazine, in denen der Verkehr zwischen den einzelnen Geschossen vermittels des Lifts bewerkstelligt wurde. Auch dies war mir noch etwas durchaus Neues. Ich muß gestehen, daß ich am Liftfahren ein kindliches, oder nenne man es denn: kindisches, Vergnügen fand; ja, gewissermaßen setzte es das Karussellfahren meines ersten Lebensjahrzehnts auf eine um ein weniges erwachsenere Weise fort.

Eines Tages, es mag zu Beginn meiner zweiten Pariser Woche gewesen sein, betrat ich ein solches Warenhaus und stellte mich in Erwartung des Lifts im Vorraume auf. Er kam, die Fahrgäste stiegen aus, es entstand ein Gedränge und legte sich wieder.

Ich näherte mich dem Lift und hatte Mühe, einen Ausruf zu unterdrücken. Denn der neben dem Eingang stehende Fahrstuhlführer trug einen langen grünen Livreerock mit blanken Knöpfen und goldenen Ärmeltressen, und in der Hand hielt er ein grünes Käppi mit goldenen Borten. Ja, er war in der Tat genauso gekleidet wie der Bediente, der in meinem Traume vom Bock des Leichenwagens gesprungen war. Aber auch seine Haltung und Verrichtung entsprachen denen jenes Traumbedienten, denn er stand seitwärts neben der geöffneten Fahrstuhltür und forderte lächelnd zum Einsteigen auf. Und dieses Lächeln in seiner halb gewerbsmäßigen, halb aus der natürlichen Beschaffenheit des Mannes fließenden Art war ebenfalls das Lächeln, dessen ich mich aus meinem Traume so wohl entsann.

Ich machte diese Beobachtungen während der wenigen Schritte, die mir bis an die Tür des Aufzuges zurückzulegen blieben. Meine Betroffenheit wuchs; aber fast fühle ich mich außerstande, die Gemütsverfassung zu schildern, in welcher ich zuletzt vor dem Liftbedienten stand und ihn nun Zug um Zug wiederzuerkennen hatte. Ja, das war das längliche, blasse, glattrasierte Gesicht, das waren die munter erstaunten Augen, die breiten, aber unfarbigen Lippen, die rötlichen, abstehenden Ohren. Und auf der linken Kinnhälfte befand sich die rote, runde rubelgroße Narbe, eben jetzt von einem durchs Fenster fallenden Sonnenstrahl berührt.

Ich erinnere mich genau, daß ich nun sofort an den bekannten Gedächtnisirrtum dachte, auf Grund dessen man im Augenblick einer Wahrnehmung oder eines Erlebnisses die Vorstellung hat, diese Wahrnehmung oder dieses Erlebnis bereits in einem Traume vorweggenommen zu haben – ein Irrtum, dem besonders diejenigen ausgesetzt sind, die ihren Träumen und deren Zusammenhang mit den Vorfallenheiten des wachen Lebens eine nicht ganz geringe Aufmerksamkeit zukehren. Aber sofort wurde es mir mit bestürzender Deutlichkeit klar, daß, was jeden Irrtum abwies, ja nicht nur die Schärfe meiner Erinnerung war; sondern in noch höherem Maße tat dies der Umstand, daß ich meiner Mutter und einer meiner Schwestern gleich am Morgen danach jenen Traum erzählt hatte.

Ich konnte jetzt meine Blicke von dem Fahrstuhlführer nicht lösen. Aber zugleich fühlte ich die völlige Unmöglichkeit, jenes Behältnis, an dessen Stelle ich im Traume den Leichenwagen erblickt hatte, zur Fahrt zu betreten.

Der Liftführer sah sich um wie ein Auktionator, bevor er den Hammer hebt. Dann verschwand er im Gehäuse und schloß die Tür. Ich ging, sehr mit meinen Gedanken beschäftigt, in die Verkaufshalle; hinter mir hörte ich den Aufzug mit ruckhaftem Summen abfahren. Ich beschloß, die Bekanntschaft des Liftführers zu machen und dem Zusammenhang auf den Grund zu kommen. So unwahrscheinlich es anmuten mochte – der Mann mußte mir irgendwo begegnet sein, in Riga oder in Petersburg. Ich hatte ihn vielleicht auf der Straße gesehen und nur scheinbar wieder vergessen. Er hatte sich einer tiefer gelegenen Schicht meines Inneren eingeprägt, und der Traum hatte ihn aus dieser nach oben steigen lassen – ein sonderbares Geflecht von Zufälligkeiten!

Ich war eine Weile im Erdgeschoß umhergeschlendert, als ich bemerkte, daß eine eigentümliche Unruhe sich auszudehnen begann; es war, als verbreite

sich eine Nachricht. Zugleich wurde die Menge der Umherstehenden und Umhergehenden von einer Bewegung erfaßt, die bald eine bestimmte Richtung erkennen ließ; auch ich konnte mich ihr nicht entziehen.
Die Unruhe stieg, erschrockene Ausrufe und Aufschreie erhoben sich. In der Vorhalle staute sich die Bewegung; offenbar war eine Absperrung vorgenommen worden. Die Leute redeten sehr aufgeregt; endlich verstand ich, daß mit dem Lift ein Unglück geschehen war. Es dauerte eine Weile, bis sich mir ein Bild des Ereignisses darstellte: Es war etwas gerissen oder gebrochen, und der Aufzug war abgestürzt, damals waren gewisse, selbsttätig sich einschaltende Sicherheitsvorkehrungen ja noch nicht im Gebrauch. Es wurde von Schwerverletzten und Toten gesprochen; unter den vom Leben Gekommenen war, so hieß es, der Fahrstuhlführer.
Ich verließ das Kaufhaus in großer Erregung. Einige Stunden trieb ich mich auf den Straßen umher. Am Nachmittag kehrte ich ins Warenhaus zurück. In der Vorhalle wurde gearbeitet. Es sah aus, als würde ein beliebiger Schaden in Ordnung gebracht.
Ich ging ins Büro und wurde höflich empfangen. Man bestätigte mir, was ich gehört hatte. Ich fragte nach dem Fahrstuhlführer und erhielt seine Adresse; er hieß Auguste Parmentier, war neununddreißig Jahre alt, unverheiratet und aus Paris gebürtig. Seit zwei Jahren stand er im Dienst des Kaufhauses.
Ich fuhr zu seiner Wohnung. Plötzlich kam mir ein

Gedanke, bei dem es mir heiß wurde. Nämlich ich sagte mir, selbst wenn es sich herausstellen sollte, daß er gleichzeitig mit mir in Petersburg gewesen war, so blieb es doch höchst unwahrscheinlich, daß er dort die gleiche Livree wie hier im Warenhaus getragen haben konnte. Allein wie auch alle diese Zusammenhänge sich klären mochten, dies blieb gewiß, daß ich ohne jenen Traum in den Aufzug gestiegen wäre und das Schicksal der Fahrgäste geteilt hätte.

Parmentier hatte ein sehr einfaches Zimmer in einer bescheidenen Gegend bewohnt. Die Wirtin, eine unsaubere und redselige Frau, erklärte, er habe seit acht Jahren bei ihr gewohnt und in dieser Zeit nur zweimal, und bloß auf wenige Tage, Paris verlassen. Ich sagte verwirrt, ich hätte gern etwas für ihn getan. Aber es gab keine Hinterbliebenen und auch keine nähere Verwandtschaft. Schließlich beglich ich eine kleine Rechung, die bei der Wirtin noch offenstand.

Ich forschte weiter, ich ging zur Polizei, man wies mich hierhin und dorthin. Auch im Büro des Warenhauses hielt ich noch einmal Nachfrage. Zuletzt lagen die äußeren Merkmale des jäh beendeten Daseins wahrnehmlich vor mir. Es blieb dabei, daß Parmentier während seiner Warenhaustätigkeit, und das bedeutete: als Träger der grünen Uniform, niemals von Paris fortgekommen war.

Das Begräbnis wurde von der Direktion veranstaltet. Ich folgte dem Sarge, ich legte einen Kranz nieder und empfand bekümmert das Unzulängliche, ja, Armselige dieser Gebärde.

Paris erschien mir verändert und verhängt. Es war nicht mehr die strahlende Stadt des Lebens, es war nichts als der gleichgültige Schauplatz eines Geschehnisses, das ich weder aufzulösen noch fruchtbar zu machen wußte. Es war mir, als müßte alles besser sein, wenn es mir gelänge, einen Dienst am Andenken des Toten zu verrichten und solchermaßen der dunklen, zwischen ihm und mir schwebenden Verbundenheit einen Ausdruck zu gewähren. In meiner Ratlosigkeit ging ich schließlich zu einem Priester, entrichtete eine Gebühr und bat ihn, für Auguste Parmentier Messen zu lesen.

Ich hatte eine Scheu zu überwinden gehabt, bevor ich das Pfarrhaus neben der vorstädtischen Kirche betrat, auf das ich durch einen Zufall aufmerksam geworden war. Ich hatte in der mir zu Hause übermittelten Vorstellung gelebt, es gebe unter den Geistlichen der katholischen Kirche zwei Gattungen, die dicken und die dünnen, oder, anders ausgedrückt: die behaglichen Tischfreunde und dic düsteren Zeloten, und beide zogen mich nicht an. Jetzt fand ich einen unterrichteten Mann von guter Mittelgestalt und angenehm weitläufigen Umgangsformen. Nachdem ich mein Anliegen vorgebracht hatte, redeten wir noch ein paar Worte miteinander, und zu meiner eigenen Überraschung entschloß ich mich plötzlich, ihm mein Erlebnis zu erzählen. Der Priester hörte mich mit vorgeneigtem Kopfe an. Dann sagte er, als spreche er von etwas Natürlichem und Selbstverständlichem: »Es gibt hier nur eine Erklärung, mein Herr. Ich weiß

nicht, wie Sie darüber denken, aber es ist mir nicht zweifelhaft, daß Ihr Schutzengel sich für jenen Traum der Gestalt des Parmentier bedient hat.«
Ich erinnere mich noch genau, welch starken Eindruck mir die Unbefangenheit machte, mit welcher er diese Erklärung vorbrachte. Sein Gedanke war mir fremd, schließlich aber kam ich zu der Meinung, der Sachverhalt lasse sich in der Tat nicht besser ausdrükken als auf diese theologische und zugleich kindlich anmutende Weise; und ich ließ es nur dahingestellt sein, ob die behütende Macht, welche der Priester mit dem Namen Schutzengel bezeichnete, etwas in mir selber oder etwas außerhalb meines Wirkens sein mochte. Doch erinnerte ich mich zugleich nicht ohne Betroffenheit daran, daß ja seinerzeit mein Konfirmationsspruch, an den ich freilich seit Jahren nicht mehr gedacht hatte, der folgende gewesen war: »Er wird seinen Engeln über dir Befehl tun, daß sie dich auf ihren Händen tragen und du deinen Fuß nicht an einen Stein stoßest.«

WERNER BERGENGRUEN

Menschwerdung

Wir schleppten uns mit unseren Kranken ohne Wasser, ohne Medikamente, ohne Essen ganz langsam vorwärts. Einige litten unter wahnsinnigen Schmerzen, besonders die Polen mit den Brandwunden, und einige wollten diesen mühsamen und qualvollen Weg nicht mehr weiter fortsetzen. Sie litten solche Schmerzen, daß sie von uns verlangten, sie liegenzulassen. Alex ließ aber nicht locker, und es gelang uns, niemanden zurückzulassen.

Immer wenn wir nicht mehr wußten, in welche Richtung wir weitergehen sollten, erschien der Mann mit dem Fahrrad, und wir folgten ihm blindlings. Es war schon spät am Nachmittag, und es begann zu dunkeln, als nicht weit vor uns ein Wald auftauchte, und der gute Mann uns folgendes sagte:

»Geht in diesen Wald hinein, nach etwa hundert Metern werdet ihr dort eine Telegraphenstange finden, ruht euch bei dieser aus und wartet auf meine weiteren Nachrichten.«

Wir fanden die Telegraphenstange und ließen uns erschöpft auf den Boden fallen, um in der Sicherheit des Waldes wenigstens ein bißchen auszuschnaufen. Mich überkam plötzlich ein Angstgefühl. Wir befinden uns jetzt hier im Wald, auf einem so kleinen Platz konzentriert, das ist doch die ideale Falle. Man kann uns hier umzingeln, ermorden, und niemand wird je

etwas davon wissen. Der Instinkt sagte mir wieder, daß ich etwas unternehmen müsse. Nach einer kurzen Beratung mit Alex entschlossen wir uns, das Terrain zu erkunden, doch mußten wir die anderen zurücklassen. Man wollte uns nicht gehen lassen, warnte uns vor dem Feind, doch Alex und ich ließen nicht nach, denn wir sahen keine andere Möglichkeit, als aus dem Wald, welcher doch eine Falle sein konnte, herauszukommen. Dort drinnen zu bleiben und weitere Nachrichten abzuwarten, war reiner Selbstmord. Alex und ich gingen vorsichtig an den Waldrand und erblickten eine Straße, welche durch den Wald führte. Wir entschlossen uns, vom Wald aus diese Straße zu erreichen und auf ihr weiterzugehen. Ich hatte Angst, schreckliche Angst. Wir waren nicht weit gekommen, als wir plötzlich aus dem nahe gelegenen Graben ein Maschinengewehr auf uns gerichtet sahen. Wir raunten einander zu: »Nicht stehenbleiben, weitergehen, Leben oder Tod.« Wir kamen ganz in die Nähe dieses Maschinengewehrs, als wir angeschrien wurden und zusammenzuckten:
»Stopp!«
Wie versteinert blieben wir stehen, als uns ein Soldat aus dem Straßengraben entgegensprang. Es war der erste amerikanische Soldat, welchen ich in meinem Leben zu Gesicht bekam. Er sprach etwas zu uns. Und jetzt fing die Schwierigkeit an. Er verstand kein Deutsch, und Alex und ich verstanden kein Englisch. Das einzige, was wir in unserem Schrecken herausbringen konnen, war: Concentration camp. Vielleicht

war er aber doch so intelligent, daß er auch unsere Sträflingskleidung bemerkt hatte?
Er drehte uns den Rücken zu, um in den Graben zurückzugehen, doch da erinnerte ich mich an meine Phantasieträume im Konzentrationslager, in welchen ich mir immer wieder meine Befreiung ausgemalt und mich beschworen hatte, meinen Retter zu umarmen und ihm einen Kuß zu geben. Ich fiel also diesem Soldaten um den Hals, wollte ihn küssen, doch erschrocken stieß er mich von sich. Später sah ich mich nach Jahren zum erstenmal im Spiegel – und wunderte mich gar nicht, daß dieser Soldat von einer so ekelerregenden Person keinen Kuß annehmen wollte.
Der Soldat sprang in den Straßengraben, nahm ein Feldtelefon zur Hand, und nach wenigen Augenblikken kam ein Jeep mit weiteren amerikanischen Soldaten angefahren. Ein Leutnant sprang heraus und sprach uns wieder englisch an. Wieder verstanden wir nicht, und in meiner Verzweiflung sagte ich:
»Deutsch?«
Und der Leutnant antwortete:
»Jiddisch?«
Zuerst traute ich meinen Ohren nicht, so erstaunt war ich, diese familiären Laute zu vernehmen. Doch da hatte ihm Alex schon zugenickt.
»My name is Captain Winter«, sagte er, streckte seine Hand aus und fügte hinzu:
»Shalom alejchem, auch ich bin a Jid.«
Mir brachen die Tränen hervor, und so geht es mir bis

heute, wenn ich an diese Begebenheit denke, von ihr schreibe oder erzähle. In der Aufregung konnte ich ihm nur ganz schwer erklären, daß im Wald über hundert Häftlinge aus einem Konzentrationslager auf ihre Befreiung warteten. Er wunderte sich, wie es uns gelungen war, durch die Feindeslinien durchzukommen, und wir berichteten ihm, daß wir absolut keinen einzigen deutschen Soldaten auf unserem Weg getroffen hatten.
Sofort schickte er einige Soldaten mit Alex und mir, um unsere Mithäftlinge zu holen. Es herrschte Totenstille, als wir ihnen erklärten, daß uns nunmehr die Amerikaner befreit hätten. Niemand konnte es fassen, niemand konnte es glauben, es klang wie ein Märchen. Es blieb uns keine Zeit, um unsere Verwunderung auszudrücken und unsere Freude zu zeigen, denn wir mußten diesen Ort so schnell wie möglich verlassen, damit uns die Deutschen nicht mehr hier finden konnten.
Wir wurden in einen bewohnten Ort geführt, die Kranken wurden sofort von einem herbeigerufenen Arzt in Empfang genommen und versorgt. Wir, welche gehen konnten und »gesund« waren, wurden zu einer großen Scheune geführt, in welcher Heu gestapelt war, um dort die inzwischen angebrochene Nacht zu verbringen. Captain Winter entschuldigte sich für diese schlechte Unterkunft, doch konnte er nicht ahnen, daß wir schon viel ärger, wie Tiere in Käfigen, geschlafen hatten. Er versprach, daß wir am Morgen viel bessere Quartiere erhalten würden.

Wir wurden mit Essen und Trinken versorgt und kamen aus dem Staunen nicht heraus. Wir bekamen Brot, Wurst und Käse und richtigen Kaffee. In der Nacht wachte ich auf und wollte mich überzeugen, daß ich nicht träume, daß wir wirklich von den Amerikanern befreit worden waren, denn ich konnte dieser Tatsache noch keinen Glauben schenken. Ist es wirklich wahr? Sind wir wirklich befreit? Träume ich nicht? Um mich von der Wahrheit zu überzeugen, öffnete ich das Scheunentor und erschrak heftig, denn ich fand mich einem grinsenden Negersoldaten gegenüber, welcher als Wache an dem Tor aufgestellt war. Es war eine Vollmondnacht, seine weißen Zähne blitzten mich an, und ein Lächeln breitete sich über sein Gesicht aus. Leider konnte ich mich mit ihm nicht verständigen, doch jetzt wußte ich, daß man uns behütet, daß wir endlich wieder Menschen geworden sind, daß uns ab jetzt die Freiheit erwartet.

RUTH ELIAS

Gebet

Ich suche allerlanden eine Stadt,
Die einen Engel vor der Pforte hat.
Ich trage seinen großen Flügel
Gebrochen schwer am Schulterblatt
Und in der Sterne seinen Stern als Siegel.

Und wandle immer in die Nacht . . .
Ich habe Liebe in die Welt gebracht –
Daß blau zu blühen jedes Herz vermag.
Und hab ein Leben müde mich gewacht,
In Gott gehüllt den dunklen Atemschlag.

O Gott, schließ um mich deinen Mantel fest;
Ich weiß, ich bin im Kugelglas der Rest,
Und wenn der letzte Mensch die Welt vergießt,
Du mich nicht wieder aus der Allmacht läßt
Und sich ein neuer Erdball um mich schließt.

ELSE LASKER-SCHÜLER

Der eiserne Engel

Es geschah in jenem Winter, der alle Kälterekorde der letzten Jahrzehnte brach. Die Zeitungen schrieben von der vorrückenden Kälte wie von einer Front, die bedrohlich immer näher kommt und alles und alle in ihren Bann schlägt. In Schweden sprach man von minus 42 Grad Celsius. Und an der Grenze zwischen Österreich und Ungarn erfroren in einem Autostau acht Menschen, als stundenlange Schneefälle die Kolonne eingeschneit hatten. Die Züge kamen mit überdimensionaler Verspätung an, und in den Straßen norddeutscher Großstädte sah man Menschen ihre Einkäufe auf Skiern bewältigen.

Mitte Januar jenes Jahres machte er Urlaub im Schwarzwald. Der hielt diesmal alles, was man sich von ihm versprach: viel Schnee, beständige Kälte, wenn auch mit tiefsten Temperaturen, von den Schneekristallen verzauberte Bäume und Wälder. Es dauerte ein paar Tage, bis er seine Langlaufqualitäten einigermaßen erreicht hatte. In der Loipe zwischen dem »Notschrei« und dem »Stübenwasen« bis hin zum Feldberg kannte er sich inzwischen gut aus.

Aber jeden Tag dieselbe Spur? Jeden Tag soundso viele, die an ihm vorbeihasteten, weil sie offenbar irgendein Trainingsprogramm absolvierten, dem sie sich innerlich verpflichtet fühlten – das reichte ihm langsam. Er hatte sich eine schöne Route ausgedacht.

Zunächst die Spur in der üblichen Loipe bis hin zur »Wilhelmer Hütte«. Von da an über den »Toten Mann« zur »Stollenbachhütte« und dann irgendwie zurück. Es war an dem Tag schönes Wetter, als er aufbrach.

Er zog dahin, ab und zu verharrend, wenn sich ein besonders schöner Anblick bot, oder auch manchmal, um einen besonders schönen, geradezu weihnachtlich geschmückten Baum zu fotografieren. Es war schon Nachmittag, als er endlich an der »Wilhelmer Hütte« ankam, um sich ein wenig aufzufrischen. Als er auf die Uhr schaute, hatte er den Eindruck, daß es eigentlich zu spät sei, um diese lange Tour zur »Stollenbachhütte« anzutreten. Aber er hatte sich das vorgenommen und überlegte, daß er im Notfall von dort absteigen könnte zur nächsten Station, um mit dem Bus zurück nach Todtnauberg zu kommen.

Gestärkt von einigen Erbsensuppenwürfeln und der dazugehörigen eingeschnittenen Wurst, machte er sich auf den Weg. Es war ein herrliches Gefühl, über die weiten, weißen Flächen zu gleiten, seiner eigenen Spur, die er sich vorgenommen hatte, zu folgen. Von sommerlichen Wanderungen her kannte er die Gegend und sah überhaupt keine Schwierigkeit, in die beginnende Dämmerung hinein ans Ziel zu kommen. Er freute sich über die Einsamkeit, die nur durch das Geräusch des Dahingleitens unterbrochen wurde. Ein Waldstück galt es zu durchqueren und dabei wieder aufzusteigen, was ihm guttat, weil er damit endlich wieder ein wenig ins Schwitzen kam. Die lange Abfahrt hatte ihn doch ausgekühlt. Im Wald merkte er, daß es dunkler wurde, und als er auf eine freie Fläche hinauskam, beeilte er sich, um nicht zu sehr in die beginnende Nacht hineinzugeraten. Wieder lag ein Waldstück vor ihm, diesmal ging es bergab, und vorsichtig glitt er einen schrägen, von hohen Tannen bewachsenen Hang hinunter.

Kurz vor einer Lichtung passierte es dann. Entweder hatte er nicht richtig aufgepaßt oder zu sehr die Spur für die nächsten paar hundert Meter mit den Augen ausgewählt, jedenfalls war der rechte Ski unter einen starken Ast geraten, und er spürte, wie ein reißender Schmerz in den rechten Fuß fuhr. Er stürzte hin, versuchte sich wieder aufzurichten und merkte, wie der Fuß ihm nicht mehr gehorchte. Er machte die Skier los und probierte, ob er sich am Baumstamm entlang etwas aufrichten konnte. Das ging zunächst, aber als er ein paar Schritte vorwärts wollte, fühlte er, wie das rechte Bein nicht mittat.

Erst einmal einen Blick in die Runde, in der Hoffnung, daß er vielleicht irgendwo einen Menschen sehen würde – aber niemand, den er entdecken konnte. Ein paar Rufe um Hilfe, die er versuchte, verklangen im Wald. Langsam stieg in ihm das Gefühl auf: Du bist hier in eine gefährliche Situation geraten. Bei diesen kalten Temperaturen lange liegen, das geht nicht gut. Aufkommende panische Angst drängte er zurück, weil er davon ausging, daß er sich hier ja auskannte – und damit das bedrohliche Unbekannte schon einmal ausgeschaltet war.

Er versuchte, den Fuß abzutasten. Aber es gelang ihm nicht festzustellen, ob gebrochen oder so schwer verstaucht, daß er einfach nicht gehfähig war. Und er fing an, darüber nachzudenken, was jetzt als Nächstes, als Notwendigstes dran wäre. Nicht auskühlen! Das hatte er immer von den Männern der Bergwacht gehört. Also nahm er aus dem Rucksack den dicken warmen Pullover, den er immer dabei hatte, und zog ihn über. Dann versuche er, den Rucksack um das Bein herumzuschnallen, um es besonders gegen die Kälte zu schützen, und lehnte sich danach gegen den Baumstamm und überlegte.

In den Seitentaschen des Rucksacks hatte er Streichhölzer, auch ein bißchen Papier, so daß er hoffte, sich ein kleines Feuer zu machen – im Notfall, um wenigstens eine Wärmequelle zu haben, wenn vor Einbruch der Nacht keine Hilfe für ihn kam. Und dann entdeckte er ganz unten die Taschenlampe. Auch sie gehörte zum ständigen Inhalt im Rucksack. Lange nicht gebraucht, gab sie noch einigermaßen Licht, vielleicht um Signale zu setzen, so hoffte er, wenn es ganz dunkel wäre, um spät heimkehrende Skifahrer oder Wanderer auf sich aufmerksam zu machen.

Er schaute auf die Uhr. Es war dunkel geworden, klarer Sternenhimmel. Es war bitterkalt. Langsam fraß sich die Kälte in ihn hinein. Er versuchte, sich mit ein paar Übungen warm zu halten, nahm das letzte Stück Schokolade aus einem Vorratsbehälter, um sich ein wenig zu stärken, und wartete und wartete.

Plötzlich merkte er, wie er von der Kälte müde wurde.

Der Schmerz hatte nachgelassen. Aber immer wenn er meinte, daß er jetzt wieder versuchen könnte, einen Schritt vorwärts zu tun, fuhr wieder ein Schmerz wie mit einem Messer durch den Fuß. Er hatte gelesen: Nur nicht müde werden! Wer müde wird durch die Kälte, droht einzuschlafen – und das ist dann der Anfang vom Ende. Und so sang er Lieder vor sich hin, die er kannte, Wanderlieder, Berglieder, und er sang auch die anderen, die sonst nicht zu seinem Repertoire gehörten: »Wer nur den lieben Gott läßt walten . . .«

Das fiel ihm dabei ein, und als er es ausgesungen hatte und daran dachte, daß es eins von den Liedern ist, das noch eine ganz andere Dimension auch in diese Stunde bringen würde, war er mit seinen Gedanken auf lange Zeit beschäftigt. Und es kam ihm in den Sinn die Zeile: »Weg hast allerwegen, an Mitteln fehlt dir's nicht.« Und aus dem Nachdenken gingen seine Gedanken über in ein Gebet, in dem er Gott um Hilfe bat. Um die Kraft, zu bestehen, und um seine Nähe.

Als er meinte, immer mehr davon ausgehen zu müssen, daß er die Nacht hier zubringen würde, und im Umkreis, soweit er kriechen konnte, Holz beieinandergefügt hatte, um ein kleines Feuer anzumachen, hörte er ein Brummen in der Luft. Es kam immer näher. Und nun sah er auch schon die Positionslichter eines Hubschraubers, der ziemlich niedrig über den Wald daherkam. In einer Reflexbewegung versuchte er, sich zu erheben und zu winken, ohne daran zu denken, daß ihn dort oben niemand sehen könnte. Aber dann fiel ihm ein: die Taschenlampe. Und er versuchte, ein paar Lichtsignale hinter dem Hubschrauber herzuschicken, der schon längst wieder seinen Augen entschwunden war.

Ganz heimlich hatte er gehofft, daß man ihn gesehen haben könnte. Aber nichts tat sich. Er hatte in den vergangenen Minuten so viel Kraft verbraucht, daß er, nachdem das Brummen des Hubschraubers abgeklungen war, sich ziemlich verzweifelt gegen den Baumstamm lehnte. Jetzt merkte er auch das Bein – es tat ihm wieder mehr weh. Er spürte, wie die Kälte sich langsam in ihm festsetzte. Er hatte nur eine Angst, daß er einschlafen könnte.

Ein Jahr zuvor hatte er in einer Gaststube einen Bergwachtmann erzählen hören, wie eine Frau sich verirrt hatte und erst nach zwei Tagen aufgefunden worden war. Erfroren. Und das Entsetzliche: Schon hatten irgendwelche Tiere – wahrscheinlich Füchse – an ihr herumgefressen.

Als er von dem in Reichweite gefundenen Holz endlich ein kleines Feuer zusammenbrachte, hörte er wieder ein fernes Brummen. Es kam näher. Viel langsamer als das letztemal. Aber der Hubschrauber glitt wieder über ihn hinweg. Schon wollte er aufgeben. Da merkte er, wie diese Maschine sich über der nicht weit entfernten Lichtung langsam zu Boden senkte. Gespannt schaute er in die Richtung, wo der Hubschrauber sich langsam auf der Waldlichtung niederließ. Aber nur ganz kurz stieß er auf den Boden auf, einige nicht identifizierbare Typen sprangen heraus. Und schon startete er wieder und verschwand hinter den Bäumen, die sich scharf vom hellen Nachthimmel abzeichneten.

Die Maschine war zwar weg, aber die Männer, die herausgesprungen waren, die mußten doch irgendwo sein. Und so rief er: »Hallo! Hilfe! Ich bin verletzt! Hier bin ich!« Und er legte extra ein größeres Scheit Holz auf das Feuer, damit es hell aufflammte. Einen Zweig, der nahe am Feuer gelegen hatte und der vertrocknete Tannennadeln trug, zog er durch die Flammen und schwenkte ihn hin und her. Und dann sah er zwei auf sich zukommen, winterlich verpackt, dick eingemummt – eigentlich zum Fürchten mit ihren geschwärzten Gesichtern. Aber so weit dachte er jetzt nicht.

Er rief ihnen entgegen: »Was bin ich froh, daß Sie mich gefunden haben! Haben Sie meine Signale gesehen? Das Feuer vielleicht?« Sie guckten ihn ganz verwundert an: »Mann, wo kommen Sie denn her?« Und dann erzählte er ihnen die ganze Geschichte.

Einer von den beiden sagte: »Da haben Sie aber Glück gehabt. Wir haben eine Nachtübung von der Bundeswehr und wurden mit einem ganz bestimmten Auftrag in der Lichtung abgesetzt. Da haben Sie wirklich Glück gehabt!« Sie riefen ihre Kameraden. Einer von ihnen hatte ein Funksprechgerät bei sich; er gab durch, welch einen seltenen Vogel sie da mitten im Wald gefunden hatten und wie nötig Hilfe sei. Nicht zuletzt wegen der beginnenden Unterkühlung. Es

dauerte nicht lange, da kam der Hubschrauber zurück, und sie trugen ihn zur offenen Tür und legten ihn vorsichtig auf eine Tragbahre. Wenig später war er in einem Freiburger Unfallkrankenhaus in den Händen kundiger Ärzte und freundlicher Schwestern.
Später erzählte er seine Geschichte einigen Freunden. Ich war auch dabei. Und er sagte am Schluß: »Was ich da erlebt habe, ist mir unvergeßlich. Wieviel Möglichkeiten hat Gott doch, um einem Menschen zu helfen. Und manchmal braucht er dazu sogar Menschen als eiserne Engel.«

JOHANNES KUHN

Bis im Morgenlicht Engel mir winken

Führe Du, mildes Licht, im Dunkel,
das mich umgibt,
führe Du mich hinan!
Die Nacht ist finster, und ich bin fern der Heimat:
führe Du mich hinan!
Leite Du meinen Fuß – sehe ich auch nicht weiter:
wenn ich nur sehe jeden Schritt.

Einst war ich weit, zu beten, daß Du mich führest.
Selbst wollt' ich wählen.
Selbst mir Licht, trotzend dem Abgrund,
dachte ich meinen Pfad zu bestimmen,
setzte mir stolz das eigene Ziel.
Aber jetzt – laß es vergessen sein.

Du hast so lang mich behütet –
  wirst mich auch weiter führen:
über sumpfiges Moor,
über Ströme und lauernde Klippen,
bis vorüber die Nacht
und im Morgenlicht Engel mir winken.
Ach, ich habe sie längst geliebt –
nur vergessen für kurze Zeit.

JOHN HENRY NEWMAN

Das Land unter dem Nordlicht

Es war über Sibirien, auf der Luftstraße Grün 3. Bei Promyslennaja, einem Zungenbrecher von Ortsnamen, fiel das Mitteltriebwerk meines Flugzeugs aus. Promyslennaja liegt an der Inja. Die Inja fließt in den berühmten Fluß Ob, dessen Namen wir alle einmal, zusammen mit einer langen Reihe weiterer Flußnamen, auswendig lernen mußten: Ob, Jenisej, Lena und so weiter. Und so weiter heißt: Ich hab's vergessen. Mein Flugzeug war auf den Namen DONAU getauft; und anfangs hatte ich den Verdacht, es wolle nur einmal seine östlichen Nachbarn kennenlernen, sehen, wie es sich so dahinfließt in der weiten sibirischen Taiga – ohne Betonbett und Wasserverschmutzung. Durch die wunderbaren Ereignisse, die dem Triebwerks-Ausfall folgten, weiß ich: Ich habe meinem Flugzeug unrecht getan. Seitdem versuche ich, besonders behutsam Gas zu geben, weich aufzusetzen, seine Kabinentemperatur zu regeln.
Ich landete in Novosibirsk zwischen, rollte aus, stand. Holzkaten, ein erstauntes Gesicht. Der Mechaniker sagte, es könne Tage dauern, ehe ein neues Triebwerk herangeschafft, ausgewechselt sei. Nach einer ersten Inspektion zeigte er mir einen seltsamen Gegenstand, den er ganz hinten im ausgefallenen Triebwerk gefunden hatte. Ein handgroßes Metallding, zerflammt vom Feuer. Ein schön geschwungener Rahmen, wie

von einer Riesengabel ohne Zinken. Schulterzuckend steckte ich den Fund in die Tasche, fuhr mit den Passagieren ins Hotel. Wald, Steppe, Sumpf. Birkengruppen, schneebestreut.
Als die Passagiere bei Borschtsch und Wodka saßen, machte ich einen Gang in die Taiga.
Die sibirische Taiga, das muß man wissen, besteht aus schütteren Birken, Espen, Eschen und Fichten oder Lärchen. Sie sind so sparsam verteilt, daß es aus 37 000 Fuß aussieht, als habe man Stecknadeln in eine Generalstabskarte gesteckt.
Ich habe nie so weiße, so graziöse Birken gesehen wie in der sibirischen Taiga. Als ich durch den weichen Schnee stapfte, wußte ich: Die Ballett-Tänzerinnen des berühmten Bolschoi-Theaters in Moskau haben ihre schönsten Tänze vom Rhythmus der sibirischen Birken gelernt! Leider kam ich nicht dazu, ihre Bewegungen zu studieren: Nebel kam auf, hängte seine Schleier um Äste und Stämme, alle Konturen verflüchtigten sich. Bald war ich verlorener als bei einem Blindanflug, wenn wichtige Instrumente ausfallen: Dann sah ich den Engel. Wenn ich später an diese Stelle meines Berichts kam, legten Zuhörer immer eine Falte mehr auf ihre Stirn, was beängstigend gescheit wirkte. Sie wollten dann immer Erklärungen und logische Begründungen; vor lauter Logik und Wirklichkeitssinn versäumten sie, mal ordentlich hinzuschauen.
Denn der Engel war einfach da. Erst hätte man ihn noch für einen Lichtreflex, Schneeschauer oder Wol-

kenschatten halten können. Aber je mehr ich die Orientierung verlor, um so deutlicher hob er sich aus dem Geäst der Birke vor mir ab.
»Hast du mein Musikinstrument mitgebracht?« fragte er und hielt erwartungsvoll die rechte Schwinge auf. Ich hatte nicht einmal eine ordentliche Wanderkarte von West-Sibirien dabei, geschweige denn ein Musikinstrument. Auf meiner Luftstraßenkarte waren zwar so bedeutsame Dinge wie UKW-Funkfeuer, Flugkontrollzonen und die militärischen Sperrgebiete R 48 bis R 62 eingezeichnet, aber weder Birken noch sibirische Freiluft-Konzertbühnen – und schon gar keine Landeplätze für Engel. Ich erklärte ihm das. Er hielt sich die Schwinge hinters Ohr und mahnte:
»Nicht so laut! Das ist für mich zu leise!«
Ich flüsterte in mich hinein. »Laut und klar jetzt?«
»Laut und klar! Aber du mußt mein Instrument haben!»
»Ich habe eine Menge Instrumente«, sagte ich stolz. »Fahrt- und Höhenmesser, Außenbordthermometer und ein Ding, das wir Integriertes Flugführungssystem nennen.«
Er klatschte begeistert in die Schwingen.
»Und was kannst du darauf spielen? Windwalzer? Wolkentriolen? Luftwirbeltänze?« Und, als ich beschämt schwieg: »Mach dir nichts draus! Ein Desintegriertes Außenbordsystem ist sicher auch was enorm Feines! Ich bin schon froh, daß du mich überhaupt noch siehst, trotz all deiner Instrumente!«

»Hast du einen Namen?«
Er rutschte vertraulich einen Ast tiefer. Schnee rieselte kristallfunkelnd zu Boden; es klang wie eine leise Sarabande.
»Engel Archibald. Nenn mich einfach E. A. . . Und du mußt doch mein Instument haben! Es ist mir direkt, päng, auf dein Flugzeug gefallen!«
Ich zog den Gegenstand aus der Tasche, den der Mechaniker im Triebwerk gefunden hatte. E. A. klatschte so freudig seine Schwingen, daß er beinahe das Gleichgewicht verlor und vom Ast . . . nein, nicht fiel, sondern entschwebt wäre. Er machte das so überzeugend, daß ich plötzlich nicht mehr verstand, weshalb wir eigentlich das Fallen nach oben Steigen und das Herabsteigen Fallen nennen.
»Dein Leichtsinn kommt dir teuer zu stehen!« warnte ich düster. »Ein Triebwerkwechsel kostet 112000 Mark!«
»Geschenkt! Du kriegst dafür einen gefrorenen Tautropfen, den ich gerade erst von der letzten Rose des sibirischen Sommers gepflückt habe.«
»Ich fürchte, sie werden deinen Unkostenbeitrag nicht ordnungsgemäß verbuchen können.«
Er kicherte hinter vorgehaltener Schwinge.
»Ich dachte, ihr hättet so gescheite Computer. Können die denn wenigstens sagen, wie stark eine mittelgroße Regenwolke duftet? Oder wie sehr sich das Steppengras freut, wenn der Südwind es krault? Oder wissen sie wenigstens, wieviel Licht in einen Schneekristall paßt?«

»Erklär mir lieber dein Musikinstrument!« lenkte ich verlegen ab.
»Eine Lichtleier. Möchtest du, daß ich sie spiele?«
»Die Saiten fehlen ja«, sagte ich traurig, obwohl ich schon bemerkt hatte, wie der Rahmen funkelte, wenn das milchige Mondlicht durch die Wolkenschleier darauffiel. Gar nicht mehr wie aus der Brennkammer eines General-Elektric-CF-30-A-Triebwerkes gezogen!
»Alles, was wir brauchen, ist ein schönes Licht! Komm, wir fliegen hin!«
»Also erstens«, zählte ich mitleidig auf, »muß ich auf das neue Triebwerk warten. Wenn es dann aber montiert ist, dann dürftest du, zweitens und drittens, kaum Schritt halten können. Ich fliege höher als 12000 Meter und fast so schnell wie der Schall!«
»Es macht mir nichts aus«, antwortete E. A. höflich, »so tief und so langsam zu fliegen! Trotzdem: Ich weiß was technisch Fortschrittlicheres. Flieg einfach auf!«
Er schlug seine Schwingen vor der Brust auf und zusammen, als wolle er sich warmmachen. Ein paar Eisbrocken klirrten durchs Geäst.
»Hör mal, so geht das nicht!« widersprach ich und kritzelte mit einem Zweig Formeln in den Schnee. Auftriebsbeiwert, Widerstandsbeiwert, ro-Halbe, V-Quadrat. Das ganze Zeugs, mit dem wir uns zu beweisen suchen, daß der Mensch nicht zum Fliegen geschaffen ist. Weil er zu schwer ist. Es sei denn, er macht sich noch schwerer und hängt sich drei Turbi-

nen und eine Menge Dural, Titan und Kunststoff an seinen Leib.
E. A. hörte sich meine intelligenten Ausführungen geduldig und nur gelegentlich dezent hinter vorgehaltener Schwinge gähnend an.
»Eben!« gab er unerwartet zu. »Das ist der Grund, weshalb ihr nicht fliegen könnt! Ihr denkt zu schwer! Ihr denkt in die falsche Richtung, das ist alles. Alles, was du brauchst, um auffliegen zu können, ist ein leichter, ein guter Gedanke! Ich habe schon auf der Schulbank gelernt: Einst konnten die Menschen fliegen. Aber dann . . .« Er rutschte von seinem Zweig auf die Erde; und ich sah, wie er sich anstrengte, um tiefer zu kommen, und wie er seine Flügel in einen negativen Anstellwinkel bog. Es gab keinen Abdruck im Schnee. »Aber dann kam einer und hat eure Gedanken in ein Kästchen gesperrt. Wie Schmetterlinge. Erst versuchten sie noch auszubrechen, aber als sie ihre Flügel wundgestoßen hatten, wollten sie nicht mehr hinaus. Nicht mal, als der Deckel wieder geöffnet wurde. Sie hatten sich daran gewöhnt, es war so bequem.«
Gescheit, wie ich war, warf ich lässig ein paar philosophische Brocken ins metaphysische Gespräch: Der Übergang von der Bilderwelt Platos zum mathematisch-abstrakten Bewußtsein Aristoteles'. E. A. winkte indigniert ab.
»Nicht diesen neumodischen Kram! Ich rede von der Vergangenheit! Komm! Flieg auf! Denk einen einzigen leichten, guten Gedanken! Einen klitzekleinen!«

Und plötzlich war mir, als hätte ich mein Leben lang in meinem Leib wie in einem Gefängnis gelegen. Ein Kerker, von dem man mir eingetrichtert hatte, es lasse sich darin bequem leben.
»Essen und Trinken?«
»Ausreichend vorhanden!«
»Verdauungsfunktionen?«
»Gesichert!«
Und ich holte meine Gedanken aus der falschen Richtung zurück und brach aus und dachte in die richtige Richtung weiter, und ich spürte, wie ich leichter und leichter wurde, schon flog ich.
Es war ganz einfach. Nur beim Umdenken hatte es einen schmerzhaften Knacks gegeben. Jetzt hatte ich abgehoben. Anfangs hatte ich noch wild mit den Armen geschlagen wie ein Vogel. Dann hatte ich geschwommen wie im Wasser. Alles war wie ein déjà-vu-Erlebnis – kannte ich das alles nicht längst aus meinen Träumen? Wie war es dort hineingeraten?
Ich löste mich von der Erdenschwere. Meine Nerven wuchsen bis in die allerfeinsten Ausläufer meines Leibes; ich spürte jeden Luftwirbel, jede Strömung. Schon stieg ich durch dünne Wolkenschlieren, schwebte hoch über verschneite Mulden, Lärchenhaine und Steppenseen hinweg. Selbst einen Birkenhang überstieg ich, während versprengtes Mondlicht gedämpft durch Wolkennarben schimmerte.
Auf einer Bö kletterte ich empor wie auf Stufen zur Unendlichkeit. Nie hatte ich geahnt, daß Luft so fest, so zuverlässig, so vertrauenerweckend war. In mir

war Seligkeit, Auftrieb, Endlosigkeit. Ich überließ mich einem Instinkt, der seit archaischen Zeiten in mir geschlummert haben mußte.
Allerdings hatte ich einen zuverlässigen Führer. Er hing, leicht dümpelnd auf den Turbulenzen der Mondnacht, schräg über mir. Die kühle Luft trug uns, wie der salzige Ozean den Schwimmer trägt. Je mehr die Schwerkraft ihre Wirkung verlor, um so mehr verflüchtigte sich auch mein Raum- und Zeitgefühl. Nachdem wir scheinbar endlos in absoluter Stille dahingeflogen waren, flammten ferne Feuer auf.
»Jetzt wirst du gleich meine Lichtleier hören!« versprach E. A. Er bettete sich rücklings auf die tragende Luft wie auf ein Federbett, zog seine Leier hervor und hielt sie in die Strahlen, die stärker und farbenreicher wurden.
Zunächst war da ein Lichtbogen. Er spannte sich von Horizont zu Horizont wie ein Tor. Aber wir kamen ihm nicht näher; und bald wurde der Bogen durch senkrechte Strahlen zerschnitten. Sie rissen Licht mit, das in Wolken und Wirbeln um die Schnittpunkte strudelte. Plötzlich verschwanden die Strahlen, als habe man Scheinwerfer ausgeschaltet. Flecken geisterten über den Himmel. Schatten, Schemen. Inseln aus Helligkeit. Über dem ersten Bogen entstand ein zweiter, wölbte sich, verblaßte, als sei sein Versuch mißlungen, bildete sich neu; jetzt wurde der untere bleicher und bleicher.
Neue Lichtkaskaden schossen durch den Raum. Wo sie die Bögen trafen, rissen sie ihr Licht mit, so daß sie

unförmig zerfledderten. Auch die senkrechten Strahlen wurden zerfetzt. Plötzlich rieselten Flocken aus Licht über den Himmel – keine feste Form mehr.
Dann waren die Farben da. Zunächst zarte Grüntöne. Dann Kadmiumgelb. Ein Anflug von Orangengelb, das sich mehr und mehr zum Rot hin verdichtete. Wieder Finsternis. Neubeginn. Hier war ein Maler am Werk (dachte ich vage), dem es auf ein paar Jahrtausende mißlungener Versuche mehr oder weniger nicht ankam! (Und ich hatte Leute gekannt, die drehten durch, wenn ihre Uhr um zwei Minuten falsch ging! Wann, in welchem seltsamen Land war das gewesen?) Und wir: mitten hindurch jetzt! Wir schienen selber Teilchen der Farbwirbel, Lichtspiralen, Helligkeitsstrudel zu werden. Wir taumelten schwerelos durch den Raum; und es war herrlich!
»Nordlicht!« schrie ich, nur um etwas zu sagen!
»Was ist das: Nordlicht?«
War in mir noch immer ein Rest von Erdenschwere? Etwas Dunkles in mir zitierte Bruchstücke: ». . . Von der Sonne ausgehende Korpuskularstrahlung . . . Indem die Atome der hohen Erdmagnetosphäre erregt . . . In etwa 100 km Höhe . . . Ihr Auftreten in Polnähe wird durch die Ablenkung der Korpuskularstrahlung im erdmagnetischen Feld . . .«
»Ja, schon. Aber was ist das nun: Nordlicht?«
Ich schwieg, beschämt über mein Schein-, mein Nonsens-Wissen.
»Komm!« forderte E. A. versöhnlich auf. »Wir baden einfach mal darin!«

Wir badeten darin. Es war phantastisch, bald in einem kalten Blau, dann wieder in einem lauwarmen Orange, einem kochendheißen Kaminrot zu baden! Wir ließen auch das aus Blau und Gelb gemischte Grün nicht aus: Fleckenlose Harmonie war um uns wie auf einer sanftgrünen Wiese. Wir durchschwammen die zartvioletten, die krassen Purpurtöne. Lila: Welch eine Energie! Die Sachlichkeit des Blau, die Aggression des Rot!

Dann war eine Farbe da, die war mir vertraut.

»Pfirsichblüt!« erläuterte E. A. »Die Farbe, die nur auf der menschlichen Haut, auf dem Gesicht vorkommt, sonst nirgendwo in eurer Natur!«

Ich wollte darüber nachdenken, da hörte ich die Klänge der Lichtleier. Jede Farbe, durch die wir getaucht, gestürzt, gewirbelt waren, hatte einen Ton. Jetzt hörte ich zum erstenmal bewußt, was längst erklang: Sphärenmusik. Zwischen der Leier spannten sich Saiten aus Licht, aus sieben Farben, und was ich hörte, hatte ich nie gehört – oder doch? Oder doch?

Der Engel zeigte auf eine Lichteransammlung tief unter, über uns: »Dort werden wir landen! Endgültig!«

»Was ist das für ein Land?«

»Es ist das Land, in dem nur gute Gedanken gedacht werden. Das Land des Friedens, der Gerechtigkeit. Komm, wir leiten mal, wie heißt das bei dir, den Sinkflug ein! Ja?«

Ich schwieg.

»Hast du die Harmonie der Klänge gehört? Der Töne? Das alles gibt es dort unten!«

Ich schwieg.
»Keiner will mächtiger sein als der andere. Im Gegenteil: Dort unten freut man sich, wenn der andere mehr weiß, mehr kann. Man freut sich für den anderen.«
Ich schwieg.
»Wenn einer unrecht hat, trauert man. Man triumphiert nicht, wenn man mehr weiß als der andere. Man fühlt sich beschämt, weil man versäumt hat, dem anderen zu mehr Wissen zu verhelfen.«
Ich schwieg noch immer drei Nordlichtäonen lang – was relativ kurz ist. Dann sagte ich: »Wenn ich jetzt 185 Grad magnetisch Nord steuere, komme ich dann zurück?«
»Wohin zurück?« fragte E. A.
»An mein Flugzeug«, sagte ich. »Zu meinen Passagieren! Die warten, damit sie endlich diese restlichen, simplen paar Kilometerchen bis zum Zielhafen bewältigen können.«
Der Engel nickte traurig, als habe er das alles geahnt. Dann warf er sich in einen steilen Abschwung und steuerte zurück. Ich stürzte brav hinter ihm her, obwohl mir die Randwirbel seiner Schwingen zu schaffen machten – ich taumelte nur so durch die Atmosphäre.
Zurück in mir blieb dieses Bild von einem Land, das mir so vertraut erschienen war, als sei ich dort immer schon gewesen. Als habe ich nur einen kurzen Erdurlaub genommen. Je mehr die Erdenschwere zunahm, um so mehr verblaßten Nordlicht, verklangen die Harmonien, verschwammen die Konturen des Engels.

»Sei mir nicht böse, E. A.!« bat ich verzweifelt, während ich den Landeanflug auf Birkenhain und Taiga vorbereitete.
E. A. nickte traurig.
»Ich hätt's mir denken können! Aber du kommst zurück, das mußt du mir versprechen!«
Ich versprach es ihm.
»Nämlich: Du bist der einzige Mensch, der so leise spricht, daß ich ihn laut hören kann! Was wir Engel brauchen, um existieren zu können auf eurer Erde, ist Stille. Absolute Stille. Bereitschaft, zu lauschen!«
Ich sah deutlich und markant Konturen. Der beste Beweis, daß ich fast auf der Erde war. Im Hintergrund klangen schon wieder Formeln auf, sah ich Tabellen, Diagramme aufleuchten, hörte ich logische Begründungen. Die letzten Worte des Engels kamen mir schon fast wie ein Traum vor: »Man wird leichter, wenn man gute Gedanken denkt!«
Während ich mich in die letzte Landekurve legte, fragte ich zurück:
»Aber wenn man einen Menschen, der gute Gedanken denken will, auf eine Waage setzt und die andere Hälfte durch Gewichte ausgleicht . . . ich fürchte, da kommt kein Gleichgewicht, schon gar kein wissenschaftlich überzeugendes Ergebnis zugunsten des Denkenden zustande . . .«
»Das ist doch ganz natürlich«, antwortete E. A., zum letztenmal laut und klar. »Wer kann denn noch gute Gedanken denken, wenn er auf einer Waagschale hocken muß?«

Ich setzte hart und schmerzhaft auf, als sei ich aus dem fünften Stock eines Miethauses gesprungen. Mein Mechaniker war sofort zur Stelle. Er wußte inzwischen alles:

»In der siebenten Stufe des Hochdruckkompressors hat sich ein . . .«

»Schon gut!« sagte ich.

»Nichts für ungut!« sagte der Mechaniker. »Morgen um elf könnte das Triebwerk da sein . . .«

Heimlich zog ich den Gegenstand aus der Tasche, den er mir selber zugesteckt hatte: Nichts als ein Stück zerflammtes Metall. Ich sah jetzt wieder ganz deutlich alles so, wie es war: Eine unendliche Trauer befiel mich. Ich kam mir ärmer vor als der ärmste Holzkatenbewohner von Novosibirsk.

»Wie arm sind wir geworden!« sagte ich laut. Ich fühlte mich müde; mir fielen die Augen zu. Zum letztenmal sah ich E. A., spürte einen Hauch seiner Schwingen:

»Ich warte auf dich! Laß dir Zeit – sie spielt keine Rolle . . .«

»Ich werde kommen!« versprach ich. »Dann fliegen wir in das Land unter dem Nordlicht.«

»Schiel doch nicht immer so demonstrativ auf deine Quarzuhr!« mahnte E. A. »Auf ein paar Jahrtausende mehr oder weniger kommt es doch überhaupt nicht an.«

RUDOLF BRAUNBURG

In der Gestalt unseres Nachbarn

ENGEL MITTEN IM ALLTAG

Es müssen nicht Männer mit Flügeln sein

Es müssen nicht Männer mit Flügeln sein,
die Engel.
Sie gehen leise, sie müssen nicht schrein,
oft sind sie alt und häßlich und klein,
die Engel.

Sie haben kein Schwert, kein weißes Gewand,
die Engel.
Vielleicht ist einer, der gibt dir die Hand,
oder er wohnt neben dir, Wand an Wand,
der Engel.

Dem Hungernden hat er das Brot gebracht,
der Engel.
Dem Kranken hat er das Bett gemacht,
und er hört, wenn du ihn rufst, in der Nacht,
der Engel.

Er steht im Weg und er sagt: Nein,
der Engel,
groß wie ein Pfahl und hart wie ein Stein –
es müssen nicht Männer mit Flügeln sein,
die Engel.

RUDOLF OTTO WIEMER

Füreinander Engel sein

Meine Frau hat einmal eine Italienerin besucht, die schon manches Jahr in der Schweiz lebt und es schwer hat. In ihrer Wohnung hängt eine Christusfigur, aus Wurzelholz geschnitzt. »Mit Gott kann ich nicht viel anfangen«, sagte die Italienerin, »aber *der da* hatte es ebenfalls schwer, *der* versteht mich.« Dabei wies sie auf die Christusfigur.

An Weihnachten wurde ein Mensch geboren, von dem wir sagen dürfen: »*Der* versteht mich.« Gottes Hilfe kommt auf uns zu in diesem Jesus, der uns nicht nur theoretisch, sondern mit Fleisch und Blut versteht.

Weihnachten heißt also: Wir werden erkannt und verstanden: hautnah, herznah, kopfnah verstanden. Wir brauchen nicht länger diejenigen zu sein, die niemand versteht. Wieviel Unverständnis und Mißverständnis auch unter uns sein mag, wir können wie jene Italienerin sagen: »*Der da* versteht mich.«

Er versteht es auch, wenn eine 35jährige ledige Frau in einem Brief schreibt: »Ich halte alles, was in der Kirche über den lieben Gott gesagt wird, für Lüge. Zuerst müßte er mir und allen anderen, die einsam sind, einmal beweisen, daß er wirklich die Liebe ist, die Barmherzigkeit selber. Mit dem Spruch vom Tod am Kreuz lasse ich mich nicht mehr abspeisen.« Und etwas später, am Schluß dieses Briefes, heißt es: »Ich muß bekennen, daß ich Aussagen gescheiter Leute nicht annehme; sie setzen mir zu oft ähnliche Sprüche in die Welt wie die Pfarrer, die auf den Kanzeln der versammelten Gemeinde stets wieder ins Ohr hämmern, daß man nicht auf den Mitmenschen bauen soll, sondern auf Gott. Meine Erfahrungen haben mir da gezeigt, daß man beides nicht kann. Noch eher dürfte ein Mensch auftauchen als ein Gott, der unser Alleinsein aufhebt.«

Soweit der Brief. Man könnte jetzt schnell antworten: Dieser gesuchte Mitmensch, der unser Alleinsein aufhebt, ist an Weihnachten gekommen. Es ist der Mensch gewordene Christus. Diese Antwort wäre sogar richtig – und dennoch ein frommer Kurzschluß.

Ja: in Jesus ist Gottes Hilfe Mensch geworden. Aber dann ging es weiter. In Jesus, dem Mann, ist Gottes Hilfe *Wort* geworden. Und in Jesus, dem Gehängten, ist Gottes Hilfe *Vergebung* geworden.

Ist das alles? Es ist noch lange nicht alles.

In Jesus, dem Auferweckten, ist Gottes Hilfe zum *Ruf*, zum *Aufgebot* geworden: Ruf an uns, Aufgebot für uns! Darum hat der Auferweckte nach Ostern die Jünger neu gesammelt, hat andere Menschen dazugerufen und sie dann hinaus in die Welt geschickt, damit sie Gottes Hilfe mit ihren Lippen, mit dem Engagement ihrer Köpfe, ihrer Herzen und ihrer Körper allen anderen mitteilten und nahebrächten.

So entstand Christusgemeinde. Ihr Auftrag: den Menschen das einzige Weihnachtsgeschenk, die Hilfe Gottes bringen! Das Besondere *dieses* Geschenkes ist, daß man es nicht schicken oder abliefern kann wie einen Gegenstand. Mit *diesem* Geschenk muß man sich gleich selber mit ausliefern, sich selber schenken. So wie Gott sich uns in Jesus mit ausliefert, mitschenkt.

Jene einsame Frau hat ganz recht, wenn sie in ihrem Briefe schreibt, es müßte eher ein Mensch kommen als ein Gott, um ihr Alleinsein aufheben zu können. Und eigentlich sollte die erwähnte Italienerin statt auf den hölzernen Christus auf einen lebendigen Christen zeigen und sagen können: »*Der* versteht mich!«

Die Menschen warten auf Christus – wenn überhaupt! – in uns Christen! Sie möchten Gottes Hilfe und Liebe leibhaftig in uns, ihren Mitmenschen, erfahren. Wenn wir's uns überlegen, so können wir vermutlich feststellen, daß auch *unser* Glaube gewachsen ist durch Mitmenschen, die uns etwas von Gottes verstehender Liebe haben spüren lassen.

Solche Mitmenschen zu sein: dazu sind wir als Christusgemeinde aufgerufen und aufgeboten. Wir können diesen Auftrag nicht auf andere, nicht einmal auf die Kirche abwälzen. Das Aufgebot gilt uns ganz persönlich, nicht einer Organisation, die Kirche heißt, nicht Spezialbeamten, die Pfarrer oder Sozialarbeiter sind. Von *uns* sollen ein paar Menschen sagen können: »*Der* versteht mich.« Von *uns* sollen einige sagen dürfen: Seine oder ihre Liebe läßt mich wieder an Gottes Liebe, seine Hilfsbereitschaft an Gottes Hilfe, seine Vergebung an Gottes Vergebung glauben.

Die Engel über Bethlehem sind verschwunden. Die

Engel, die wir haben, sind aus Goldfolie, sind golden tot. Wir können uns nicht mehr auf Engel verlassen. Der Weihnachtsauftrag ergeht an *uns.* »Engel« heißt: Bote, Bote von Gott. An uns ist es, mit unserem Leben Boten zu sein, Boten der Liebe Gottes, die in Jesus Christus Mensch geworden ist, damit wir selber menschlicher werden. Den Auftrag, füreinander Engel, d. h. Boten Gottes, Boten Jesu Christi zu sein, nimmt uns heute kein Engel mehr ab. An *uns* ist es, die Weihnachtsbotschaft nicht aus Festtagshimmeln einander zuzurufen, sondern sie hier, auf unserer Alltagserde zu leben:
»Ehre sei Gott in den Höhen und Friede auf Erden unter den Menschen, an denen Gott Wohlgefallen hat.«

KURT MARTI

Der Engel

Solange ich,
angewiesen auf niemand,
mir selbst genug war,
in guten Tagen,
begegnete ich ihm niemals.
Ich hätte ihn glatt verleugnet.
Erst als ich,
meiner selbst nicht mehr sicher,
eingeklemmt zwischen den Trümmern eigener Kraft,
meinen Antworten mißtraute und
Ausschau hielt nach der Nähe eines Menschen,
reichte er mir Worte und Hände,
Werkzeuge hilfreicher Botschaft,
in der, leicht zu übersehenden, Gestalt
meines Nachbarn.

CHRISTIAN WEBER

Die alte Dame am Telefon

Kopenhagen, 13. November 1953. Es ist 2 Uhr 15, also mitten in der Nacht. Der Feuerwehrmann Christian Rasmussen hat Dienst und langweilt sich seit Stunden. Die Nächte sind lang in Kopenhagen um diese Zeit. Bereits gegen 17 Uhr geht die Sonne unter – und bis jetzt nicht ein einziger Einsatz. Na ja, Gott sei Dank. Rasmussen ist sehr jung, erst 22 Jahre alt, nicht sehr gebildet, jedoch bemerkenswert intelligent und voll Enthusiasmus für seinen Beruf. Im Augenblick spielt er Karten mit seinem Kollegen Oberfeuerwehrmann Carl Skager. Da läutet das Telefon!

Christian Rasmussen meldet sich: »Hauptfeuerwache Kopenhagen. Hallo . . . Hallo!«

Keine Antwort. Aber es *ist* jemand am anderen Ende der Leitung.

»Hallo! Feuerwehr! Melden Sie sich doch! Wer ist am Apparat?«

Der Kollege Skager brummelt nur. Wahrscheinlich wieder einer dieser blöden anonymen Anrufer, die sich einen Spaß daraus machen, die Feuerwehr auf den Arm zu nehmen. Doch Christian unterbricht ihn: »Sei mal ruhig! Ich höre jemanden atmen. Hallo! Wer ist am Apparat? So melden Sie sich doch endlich! Sie blockieren die Leitung! Wenn's ernst ist, sagen Sie irgend etwas, aber melden Sie sich!«

Da vernimmt er eine schwache Stimme, offenbar die

Stimme einer alten Frau: »Ich bin gestürzt, helfen Sie mir.«
»Sie sind gestürzt? Wo denn? Sagen Sie mir erst einmal, *wo* Sie sind.«
»Ich ... weiß ... es ... nicht ...«
»Sie wissen nicht, wo Sie sind? Das gibt's doch nicht! Sind Sie zu Hause? Wo wohnen Sie denn?«
»Ich glaube, ja. Ich bin vielleicht, wahrscheinlich ... bin ich ... zu Hause ...«
Der junge Rasmussen hat gerade seine Probezeit absolviert und ist noch nicht sehr erfahren. Aber er hat Instinkt. Er spürt sofort, daß es sich hier nicht um irgendeinen dummen Scherz handelt, und bittet seinen Kollegen, den zweiten Hörer aufzunehmen.
»Sie wissen nicht genau, ob sie zu Hause sind? Wo befinden Sie sich? In einer Wohnung?«
»Ja, es ist ... eine Wohnung. Ich bin gefallen. Auf den Teppich ..., und ... ich kann mich nicht bewegen.«
»Wo ist die Wohnung? Geben Sie uns die Adresse durch. Wo wohnen Sie?«
»Ich ..., ich weiß nicht. Ich kann es nicht sagen. Ich glaube, ich bin zu Hause, aber ich weiß die Adresse nicht mehr.«
»Na gut. Hören Sie genau zu, und bleiben Sie ganz ruhig. Sagen Sie uns nur, wie Sie heißen.«
»Ich weiß es ... nicht. ich kann mich an nichts erinnern. Ich weiß nur, daß ich nicht mehr aufstehen kann!«
»Das macht nichts! Aber hängen Sie nicht auf! Wir

werden die Post bitten, Ihre Wohnung zu lokalisieren. Hallo! Hallo!«
Die alte Dame hat aufgehängt. Der junge Feuerwehrmann ist völlig ratlos. »Sie hat aufgehängt! Was machen wir jetzt?«
»Nichts!« meint der Kollege. »Da kann man nichts mehr machen. Wir können nur warten. Vielleicht ruft sie noch mal an. Aber glaub mir, es war bestimmt nur ein Scherz. Daran sind wir hier gewöhnt. Das wirst du noch oft genug erleben.«
»Nein, das glaube ich nicht! Das ist kein Scherz. Wir müssen sofort den Chef benachrichtigen.«
»Den Chef? Und was soll *er* dann unternehmen, deiner Meinung nach – ohne Namen, ohne Adresse? Komm, vergiß es, spielen wir weiter. Wenn es so ernst war, ruft sie wieder an, deine alte Dame.«
Und in der Tat, 32 Minuten später geht erneut das Telefon. »Hauptfeuerwache Kopenhagen. Hallo?«
Ein Seufzer, schweres Atmen in der Leitung, dieselbe alte, schwache Stimme wie vorhin: »Hallo, ich bin ohnmächtig geworden, ich wollte nicht aufhängen. Der ganze Teppich ist voll Blut. Ich bin verletzt. Ich habe Angst. Bitte, kommen Sie schnell, bitte!«
Dieses Mal bringt der junge Feuerwehrmann seinen Kollegen auf Trab: »Ruf die Postzentrale an! Schnell! Sie müssen feststellen, woher der Anruf kommt!«
Dann spricht er wieder mit der alten Dame: »Wo sind Sie verletzt?«
»Ich weiß . . . es . . . nicht. Ich weiß nur, daß ich viel Blut verliere. Ich sterbe bestimmt!«

Christian Rasmussen weiß nicht so recht, wie er reagieren soll. Er versucht, die alte Dame zu beruhigen:
»Aber nein! So schnell stirbt man nicht. Bleiben Sie ganz ruhig. Wir kümmern uns schon um Sie. Die Postzentrale sucht gerade Ihre Adresse. Sie erinnern sich nicht zufällig an ihre Telefonnummer, oder?«
»Nein . . . nein . . . ich weiß nichts mehr . . . mir wird ganz schwindlig!«
»Hören Sie: Bitte *hängen* Sie nicht wieder auf! Legen Sie den Hörer auf den Teppich. Sie brauchen keine Angst zu haben. Wir kommen so schnell wie möglich!«
Unterdessen ruft der Kollege Skager die Postzentrale von Kopenhagen an und erklärt die Dringlichkeit des Falles: »Wir haben sie noch an der Leitung. Können Sie den Anschluß lokalisieren?«
»Wissen Sie eigentlich, wie spät es ist? Drei Uhr morgens! Hier ist niemand da. Ich bin nur der Nachtwächter. Aber um feststellen zu können, woher ein Anruf kommt, da muß eine ganz komplizierte Apparatur in Bewegung gebracht werden. Das können nur unsere Techniker, und die sind in der Nacht nicht da. Ich kann Ihnen nicht helfen, tut mir leid!«
Es ist also unmöglich festzustellen, woher der Anruf kommt. Was nun?
»Die Post kann uns nicht helfen. Jetzt liegt es an uns: Wir *müssen* alles versuchen! Es bleibt noch eine Möglichkeit: mit der alten Frau so lange wie möglich im Gespräch bleiben, bis ihr vielleicht doch etwas einfällt, das uns weiterbringen kann.«

Jetzt übernimmt Carl Skager, der ältere und erfahrenere der beiden Feuerwehrmänner, den Hörer: »Hallo. Sind Sie noch dran? Wenn Sie mich hören, antworten Sie bitte!«
Drei, vier Sekunden vergehen – dann wieder die schwache Stimme: »Ja, ich bin noch dran.«
»Bluten Sie noch? Woher kommt das Blut?«
»Ich . . ., ich weiß es nicht. Ich fühle nichts . . ., vor allem . . ., ich kann meine Beine überhaupt nicht bewegen . . .«
»Also, Sie sind gestürzt und haben sich verletzt. Und Sie haben keine Schmerzen?«
»Nein, weh tut mir nichts . . . Ich bin nur gelähmt . . ., nur die Beine. Aber die Beine bluten nicht. Ich glaube, es ist der Kopf. Alles voll Blut!«
»Hören Sie. Sie müssen unbedingt ganz vorsichtig sein. Vielleicht ist die Wirbelsäule verletzt. Sie dürfen sich auf keinen Fall bewegen, verstehen Sie? *Wie* sind Sie denn gestürzt?«
»Wahrscheinlich . . . bin ich aus dem Bett gefallen. Ich weiß nicht mehr, warum ich aufstehen wollte. Ich weiß nicht einmal mehr, wer ich bin. Ich bin bestimmt zu Hause. Denn ich bin . . . ganz alleine hier.«
»Vielleicht wohnt aber doch jemand mit Ihnen in der Wohnung und schläft nebenan. Bitte, denken Sie nach! Haben Sie schon versucht zu rufen?«
»Ja, aber . . . meine Stimme ist zu schwach. Da hört mich bestimmt niemand.«
»Na gut. Also, Sie sind aus Ihrem Bett gefallen. Wo stand das Telefon?«

»Auf dem Nachttisch . . . glaube ich. Jetzt liegt es neben mir auf dem Teppich. Als ich zu mir kam . . . habe ich den Freiton gehört und die 18 gewählt, die auf dem Apparat steht.«

»Wenn das Telefon neben dem Bett steht, vermute ich, daß Sie alleine wohnen, und ich vermute auch, daß Sie sich nur schwer bewegen können. Denken Sie gut nach: Waren Sie vielleicht schon vorher gelähmt – bevor sie hingefallen sind?«

»Vielleicht, ja, vielleicht . . . jetzt, wo Sie es sagen . . ., ich glaube ja . . .«

»Dann gibt es bestimmt jemanden, der sich um sie kümmert. Erinnern Sie sich vielleicht an den Namen eines Arztes?«

»Nein . . ., nein.«

»Oder gibt es vielleicht jemanden, der Ihnen regelmäßig Spritzen gibt – oder eine Frau, die Ihnen den Haushalt besorgt?«

Carl Skager fällt langsam nichts mehr ein, was er noch alles fragen könnte, um dem Geständnis der alten Dame nachzuhelfen. »Liegt vielleicht ein Rezept auf Ihrem Nachttisch? Oder auf dem Teppich?«

»Nein, ich sehe nichts . . . Doch, warten Sie, da ist ein Schächtelchen.«

»Können Sie es erreichen, ohne sich zu sehr zu bewegen?«

»Ja . . . ich glaube schon . . . wenn ich die Hand ausstrecke . . . vielleicht.«

»Gut, dann nehmen Sie es, und lesen Sie mir vor, was draufsteht, wenn es geht.«

Es dauert eine Weile. Dann buchstabiert die alte Dame einen komplizierten Namen. Skager notiert ihn, gibt den Zettel seinem jungen Kollegen. Der ruft sofort die Nachtapotheke an: »Können Sie mir sagen, gegen welche Art von Krankheiten dieses Medikament verschrieben wird? Was behandelt man damit?«
»Nun, im Grunde gar nichts. Ein einfaches Einreibemittel zur Lockerung der Muskulatur. Wird oft bei Massagen verwendet.«
»Kann es einer alten Frau mit gelähmten Beinen helfen?«
»Helfen sicher nicht. Das heißt, es kommt darauf an, wenn sie nicht vollkommen gelähmt ist, vielleicht. Dann würde ich vermuten, daß sie von einem Bewegungstherapeuten behandelt wird.«
Skager nimmt sofort das Gespräch mit der alten Dame wieder auf: »Hallo? Hören Sie mir jetzt gut zu: Können Sie sich daran erinnern, ob Sie vielleicht von einem *Bewegungstherapeuten* behandelt werden? Sagt Ihnen das Wort etwas?«
»Ja, schon, sicher sogar. Das Wort ist so kompliziert . . . ich habe . . . es mir gemerkt.«
»Sehr gut. Passen Sie auf: Ich nehme jetzt das Telefonbuch und lese Ihnen die Namen aller Bewegungstherapeuten vor. Wenn Sie den Namen erkennen, sagen Sie es mir, ja?«
Zwanzig Minuten später ist Skager beim 39. aller »Heilgymnastiker«, die in Kopenhagen und Umgebung niedergelassen sind. Mehrmals mußte er unterbrechen, um die alte Dame zu beruhigen, die immer

wieder klagt, daß sie blutet, daß sich alles um sie herum dreht, daß sie bestimmt gleich stirbt.
Der 43. Therapeut in alphabetischer Reihenfolge heißt Henning Thomsen. Die alte Dame stößt einen schwachen Ruf aus: »Das ist er ... ganz bestimmt! Henning ... Thomsen ... ja.«
Es ist jetzt bereits vier Uhr früh, und noch immer liegt schwarze Nacht über Kopenhagen. Sekunden später wählt der junge Feuerwehrmann die Nummer des Arztes. Es dauert lange, bis eine verschlafene Stimme sich endlich meldet: »Es tut mir leid, aber Herr Thomsen ist übers Wochenende verreist. Er ist telefonisch nicht erreichbar.«
Die letzte Hoffnung. Jetzt ist es endgültig aus. Und die alte Dame wird irgendwo in der Stadt verbluten. Sie wird immer schwächer. Nur noch ein Wunder könnte sie retten. Beide Männer, der ältere, diensterfahrene Skager und der junge Rasmussen sind völlig entmutigt. Es muß doch eine Rettung möglich sein! Aber *wie*? Die alte Dame *muß* sich doch noch an andere Sachen erinnern können, wenn sie schon den Namen des Arztes erkannt hat.
Also nimmt Oberfeuerwehrmann Skager das seltsame Gespräch wieder auf: »Hallo? Hören Sie mich? Wie geht es Ihnen? Können Sie noch sprechen?«
Die Stimme der alten Frau ist kaum noch zu hören.
»Hallo! Hören Sie! Sie *müssen* uns helfen! Versuchen Sie es! In Ihrem Zimmer brennt doch Licht, oder?«
»Ja!«
»Beschreiben Sie uns, was Sie sehen. Wie sieht Ihre

Wohnung aus? Das kleinste Detail kann uns einen wichtigen Hinweis geben, verstehen Sie? Also, was sehen Sie?«

»Den Teppich ... voller Blut ...«

»Moment mal, Sie sagen Teppich. Ist es ein Teppichboden oder ein Bettvorleger, der vielleicht auf einem Parkett liegt?«

»Ja, ein altes Parkett.«

»Sehr gut. Und wie ist die Decke? Ist sie sehr hoch?«

»Ja, sehr hoch, mit Stuck ...«

»Mit Stukkaturen! Es ist also ein altes Haus! In Ihrem Zimmer gibt es doch ein Fenster, wie sieht es aus?«

»Schmal ... hoch ...«

»Mit zwei Flügeln und einem Fensterriegel, nicht wahr? Hat es Vorhänge?«

»Es ist ... so ... wie Sie sagen ... aber keine Vorhänge.«

»Sind die Fensterläden geschlossen?«

»Nein, ich kann die Mauer ... auf der ... anderen Straßenseite ... sehen. Sie ist beleuchtet ... Ich glaube, es ist eine Straßenlaterne da.«

Nach dieser letzten Anstrengung sagt die alte Frau nichts mehr. Fieberhaft wiederholt Skager alle Details. Der junge Feuerwehrmann Christian Rasmussen schreibt alles genau auf. Also: zu finden ist ein altes Haus mit schmalen Fenstern in einer engen Straße, denn die Frau kann die Mauer gegenüber sehen. Das Fenster ist hell, wahrscheinlich im Erdgeschoß oder im ersten Stock, sonst könnte sie die Straßenlaterne nicht sehen.

»Schön und gut, aber das bringt uns überhaupt nicht weiter! Ein helles Fenster irgendwo in Kopenhagen. Wie soll man es finden? In welchem Viertel soll man überhaupt suchen? Wenn sie nur noch einige Kleinigkeiten beschreiben könnte!«

»Hallo? Sie wissen wirklich nicht mehr, wie die Straße heißt? Hallo! Hallo!«

Doch die alte Dame antwortet nicht mehr. Sie hat nicht aufgehängt. Wahrscheinlich ist sie wieder ohnmächtig – oder vielleicht schon tot.

»Jetzt ist es, glaube ich, endgültig aus«, meint Skager. »Aber trotzdem: Häng nicht auf, Kleiner. Wer weiß, vielleicht wacht sie wieder auf! Zu dumm! Und dieser Arzt, der auf Reisen ist. Nur *der* könnte noch helfen. Na ja, auf alle Fälle, leg nicht auf. Mehr können wir im Augenblick nicht tun.«

»Aber wir blockieren die Leitung 18 seit über zwei Stunden, Skager! Wenn's nun irgendwo brennt, und man uns nicht erreichen kann?«

»Ich übernehme die Verantwortung. Schließlich können sie dann auch bei der Polizei anrufen. Die Chancen stehen eins zu einer Million, daß die arme Frau wieder aufwacht, aber bleib am Hörer, ja? Man kann nie wissen.«

Eine Stunde lang tut sich nichts. Jetzt kann auch Oberfeuerwehrmann Skager nicht länger warten und die Leitung blockieren. Gerade will er seinem jungen Kollegen sagen, er solle jetzt doch auflegen, als dieser auf einmal ganz aufgeregt hochfährt: »Ich habe eine Idee! Aber du wirst sie bestimmt für total verrückt halten.«

»Nun, sag schon, wer weiß?«
Eine halbe Stunde später, nachdem der Oberbranddirektor geweckt wurde und – wenn auch mit erheblichen Vorbehalten – schließlich doch seine Einwilligung gegeben hat, wird die verrückte Idee des jungen Feuerwehrmannes ausgeführt, obwohl an und für sich keiner so recht an einen möglichen Erfolg des ganzen Unternehmens glauben kann.
Vierzehn Feuerwehrautos mit heulenden Sirenen rücken aus. Es ist mittlerweile 5 Uhr 30 und noch stockdunkel. Jedes Fahrzeug hat Anweisung, in einem bestimmten Stadtviertel alle Straßen zu durchfahren, und alle Einsatzwagen sollen ständig mit der Zentrale in Funkverbindung bleiben. Dort sitzt der zweiundzwanzigjährige Christian Rasmussen, das Telefon an einem Ohr. Den Kopfhörer des Funkgeräts am anderen. Äußerst angespannt und konzentriert lauscht er. Irgendwann muß doch *eine* Sirene im Telefon der alten Frau zu hören sein! Sie hat nicht aufgelegt, und die Fensterläden sind offen. Also müßte man irgendwann eine der vierzehn Sirenen hören können!
Nach einer Dreiviertelstunde ist ganz Kopenhagen auf den Beinen. Überall brennen die Lichter.
6 Uhr 22. Als der Oberbranddirektor gerade den ganzen Klamauk stoppen will, da Bürgermeister und Journalisten ihm schon das Haus einrennen – ruft Christian Rasmussen: »Jetzt! Jetzt! Ich höre eine Sirene! Ganz leise zwar, aber ein Einsatzwagen *muß* in der Nähe sein!«

Oberfeuerwehrmann Skager übernimmt sofort das Funkgerät: »Wagen 1, Sirene aus!«
Christian hört die Sirene noch.
»Wagen 2 – Sirene aus! Wagen drei ..., Wagen vier ...«
Als Wagen 12 seine Sirene abschaltet, schreit Christian aufgeregt: »Das ist sie! Die Sirene 12!«
»Wagen 12, hier die Zentrale. Sie sind in der Nähe. Schalten Sie jetzt die Sirene wieder ein. Ja. Wir hören sie ganz deutlich durch das Telefon! Alle anderen Einsatzwagen sollen zurück zum Depot fahren!«
Minuten später überreicht ihm der junge Feuerwehrmann triumphierend den Hörer. Jetzt ist die Sirene 12 ganz deutlich zu hören, ganz aus der Nähe.
»Wagen 12, hier die Zentrale! Sie befinden sich jetzt garantiert in der richtigen Straße. Jetzt suchen Sie nach einem Fenster, wo Licht brennt.«
»Wagen 12 an Zentrale – verstanden. Aber es ist unmöglich! Das ganze Viertel ist jetzt auf den Beinen, und Licht brennt in fast allen Fenstern.«
»Wagen 12 – haben Sie einen Lautsprecher?«
»Sicher!«
»Gut. Dann veranlassen Sie, daß alle Lichter in der Straße sofort ausgeschaltet werden. Erklären Sie der Bevölkerung durch den Lautsprecher, worum es geht. Nur die alte Dame wird ihr Licht nicht ausschalten können. Dann finden Sie das richtige Fenster!«
Immer noch am Telefon hängend, hört Christian Rasmussen – zuerst nichts. Die Sirene ist abgeschaltet. Dann, schwach, aber deutlich die Stimme, die durch

den Lautsprecher auffordert: »Schalten Sie Ihre Zimmerbeleuchtung aus! Ich wiederhole: Schalten Sie alle Beleuchtungskörper aus! Wir suchen eine gelähmte, ohnmächtige Frau, bei der Licht brennt! Ich wiederhole: Wir suchen . . .«

Zehn Minuten später hört Rasmussen durch das Telefon, wie eine Tür aufgebrochen wird. Dann die Stimme eines Feuerwehrmannes am Telefon: »Hallo, Zentrale? Wir sind da! Die Frau liegt im Koma. Ihr Puls ist sehr schwach, aber sie lebt noch. Sie ist am Kopf verletzt. Wir transportieren sie sofort ins Krankenhaus. Ende.« Und der Feuerwehrmann legt endlich den Telefonhörer der alten Dame auf.

Sie hieß Ellen Thorndall, war 72 Jahre alt und seit mehreren Jahren schon an beiden Beinen gelähmt. Im Krankenhaus konnte sie gerade noch gerettet werden, aber es war höchste Zeit gewesen. Dieses »Wunder« hatte nur geschehen können, weil ein junger Feuerwehrmann die verrückte Idee durchgesetzt hatte, um fünf Uhr morgens eine ganze Stadt mit heulenden Sirenen aufzuwecken.

PIERRE BELLEMARE

Begegnung in Ungarn

Das war, als wir dem polnischen Winter, diesem harten, grauweißen Winter, zu Beginn des Jahres 1944 entronnen waren. Ein Marschbefehl, den wir angesichts der russischen Heere, die auf Lemberg vorstürmten, wie eine Rettung empfanden, hatte uns nach Ungarn entführt. Zehn Tage waren wir unterwegs, und schon schien es uns, als seien wir auf einem anderen Stern. Drüben hatte der Ostermorgen noch Schnee gebracht, hier aber war in diesen ersten Maitagen schon Sommer, ungarischer Sommer, Jubel und Überschäumen; Blühendes in allen Gärten, Farben in allen Gassen, Heiterkeit unter allem Himmel. Nicht ungedämpft freilich war diese Heiterkeit, das sahen wir wohl, nicht unbeschwert auch hier. Nicht wenig erschrocken blickten sie uns entgegen, die Madjaren ringsum, und ob wir nun als Verbündete kamen oder als Feinde, das war so ausgemacht noch lange nicht, wie das die Herren der Länder meinten. Was bringt ihr mit, und was führt ihr im Gefolge? Englische Luftangriffe gewiß, und wann steht die Rote Armee am Duklapaß?

Und da war es auch, daß wir zum erstenmal wieder Juden trafen, wohlgekleidete Juden, und man erkannte sie auf zehn Schritte. Denn eben war auch hier das Höllenzeichen eingeführt worden, der gelbe Stern. In einer ansehnlichen Stadt hatten wir uns einzurichten, ein Wein- und Kornparadies schien die Landschaft in der Theißmulde zu sein. Quartiere wurden gemacht, und ein Befehl belegte in den vornehmen jüdischen Häusern einige Zimmer für uns. Sandor-Petöfi-utca II – so las ich's auf meinem Quartierzettel – und darunter den Namen Dr. Lajos. Ich lief des Weges, suchte mich zurecht, gedachte dabei Petöfis, des ungarischen Dichters, und wünschte mir, dies und das aus seinem Werke kennenzulernen. Nummer II: Da war zunächst nichts als eine kahle Hausmauer, einstöckig, und ein hochgeschlossenes Hof- und Gartentor, nichts, was einladen mochte auf den ersten Blick. Kaum aber war man durch das Tor eingetreten, so fand man einen wohlgepflegten Gartenbereich und ein stattliches Haus, dessen Fenster und Türen ins Lilien- und Rosengeheg wiesen. Ich stieg einige Treppenstufen hinauf und trat vor die Schwelle. Die Türe öffnete sich, und zwei Männer standen mir gegenüber, Vater und Sohn, wie sich auf den ersten Blick erkennen ließ; die Hausherren, Ärzte beide, die Schilder wiesen es aus.

»Guten Tag.« Befangen genug tauscht man den Gruß und nennt Namen und Stand. Die Verständigung ist möglich. Die Juden sind fast die einzigen Leute in diesem Teil des Landes, die der deutschen Sprache mächtig sind. Sie hören, welchem Stand ich angehöre, und der Alte faßt sich ein Herz zu sagen: »Es ist uns sehr lieb, einen Geistlichen künftig im Haus zu haben.« Kleine Verbeugung. Man hatte uns keine Befehle gegeben, wie wir uns zu verhalten hätten . . .

und was hätten sie auch bedeuten können? In solcher Lage tut jeder nach der Weise seines innersten Lebens.
Sie führten mich in das Zimmer, das mir zugewiesen ist. Ein sehr großes, unpersönliches Zimmer; dunkle, kalte Pracht. Seltsam, gleich in der ersten Stunde schmeckt alles nach Aufbruch, Abschied, Ende. Mich fröstelt mitten in dem strahlenden Tag. Ein schöner grüner Teppich bedeckt fast den ganzen Boden, die Schränke sind schwer, alt und dunkel, sie sind abgeschlossen und scheinen gefüllt. Mein Küster kommt, wir richten uns notdürftig ein. Es ist in der Tat nirgends recht Platz für die eigenen Sachen, die Bücher stehen auf der Marmorplatte eines Büfetts; Schwinghammer, der hilfreiche Soldat, bemängelt mit entschiedenen Worten diese Situation; ich freilich merke wohl, daß ich unfähig bin, auch nur Wünsche zu äußern in diesem Hause, zu schweigen ganz von Befehlen und eigenmächtigen Korrekturen. »Behelfen wir uns so«, sage ich, »es wird schon gehen.«
In einer Stunde haben wir das Wichtigste hier getan. Großes, goldenes Licht scheint nun durchs Fenster herein, spätes Licht schon, es geht dem Abend entgegen. Jemand klopft. »Bitte!« Die beiden Ärzte kommen herein. Der Vater, siebzigjährig, wie man denken möchte, doch von der zähen Rüstigkeit seiner Rasse; große, dunkle, schmerzlich verschleierte Augen. Der Sohn, den Vater um eine Haupteslänge überragend, mit weicheren Zügen, ein Mann in meinem Alter. Ob ich alles nach Wunsch gefunden habe. Ich möge nur

äußern, was mir etwa noch fehle. »Herr Pfarrer soll sich hier wohl fühlen.« Ich murmle etwas davon, ob sich vielleicht in diesem Schrank ein Fach frei machen ließe für meine Wäsche. – »Ach, das ist noch nicht geschehen? Das ist ein Versäumnis. Verzeihen Sie. Es ist hier im Hause keine Frau, das heißt nur eine Wirtschafterin, die tagsüber für einige Stunden kommt. Ich bin Witwer, und mein Sohn ist noch unverheiratet. Es wird morgen Platz geschaffen. Natürlich, das muß sein. Verzeihen Sie.« Ich sage etwas Verbindliches, ein Wort des Dankes. Nun gehen die beiden rückwärts und halb unschlüssig der Türe zu.

Plötzlich steht die Frage im Zimmer, ich wußte es ja, daß sie nun kommen würde: »Nicht wahr, Herr Pfarrer, Sie werden uns schützen?« Lieber Gott, was für eine Frage! Was für eine Vorstellung! Wir wußten ja, jeder auf seine Weise, was mit dieser Frage gemeint war. Wir wußten, wie hinter uns, auf den Fersen uns folgend, ganz andere Verbände Einzug halten würden. Nicht Lazarettleute, sondern Mordkommandos. Die Schurkerei der Judenpogrome, wie lange würde sie noch auf sich warten lassen? Einen Monat vielleicht noch, oder wenn es hoch kommt, auch zwei. Und da sollte ich sie nun schützen? Rührende Erwartung, beklemmende Vorstellung.

Was sollte ich erwidern? Ich erwiderte: »Ich gehöre zum Roten Kreuz. Sie wissen, wir sind ein Lazarett. Von uns geschieht Ihnen nichts Böses.« Reden. Ausflüchte. Sie wußten es so gut wie ich.

Sie fingen wieder an: »Sie sehen ja, wir müssen jetzt

den Stern tragen, wenn wir uns auf der Straße zeigen. Es wird Einschränkungen geben in der Praxis und auch sonst. Wir fürchten, daß alles nur der Anfang zu Schlimmerem ist, wir wissen nicht . . .«

Ach ja, sie wußten nicht. Wir – wie war es mit uns? Wußten wir? Nein, wir wußten ja auch nicht viel. Freilich, wir kamen aus der Ukraine, wir hatten, von ferne nur, aber doch noch nah genug, Schreckliches gehört, Unsägliches. Nächte, im Fleckfieberlazarett durchwachte Nächte, kamen mir in den Sinn. Geständnisse der Hochfiebernden, der Irren. Wie hatte der immer phantasiert, der SS-Polizist, der in den ersten Tagen, da sich seine Krankheit harmlos anließ, immer so verkniffen dreingeschaut hatte, wenn ich den Krankensaal betrat . . .? Dann war das Fieber auch über ihn gekommen, rote Feuerglocke, und er rief in die Krankennacht hinein seine Satzfetzen, mochte einer zusammensetzen, was immer: »nicht – nicht – bitte nicht schießen – laß doch, ich habe doch immer geholfen –« . . . dann wieder: »ausziehen – nackt – nackte Frauen – hinlegen – Gesicht nach unten –.« Eine Vision nur war es in dieser Abendstunde im ungarischen Mai. Eine Schreckminute . . . Ein Bild: Hieronymus Bosch.

Da standen sie. Vater und Sohn. Ärzte beide. Kluge Gesichter, leiderfüllte Gesichter. Juden. Verse stürzten über mich her, Franz Werfels Verse vom jüdischen Schicksal:

Ich selbst, ohne Volk, ohne Land,
Stütz nun meine Stirn in die Hand.

Nun ist das Licht schon im Abschiednehmen. Es ist so dunkelgolden, wie es nur selten einmal bei uns drüben in Deutschland zu sehen ist. Die Kuppel der Synagoge ist wohl zu erkennen von dem Platz aus, an dem ich stehe. Mir fällt ein, daß hierzulande Judesein immer zugleich auch Israelitsein bedeutet, Gliedschaft im Alten Bund und Gesetz. Mose, denke ich, David, Jeremia. Immer wieder: Jeremia. Und dann sage ich plötzlich in die Stille hinein: »Schema, Jisrael, Adonai elohenu Adonai aechad.« Das alte »Höre, Israel, der Herr, unser Gott, ist ein einiger Gott«; – das Wort, das sie einst auf ihr Handgelenk geschrieben hatten, feierliches Wort ihres Bundes. Ihres Bundes und unsres Bundes.
Da geschieht dies: Kaum, daß ich das Wort ausgesprochen habe, kaum, daß hier in dieser ungarischen Stube die hebräischen Laute verklungen sind, geht eine Bewegung durch die beiden. Tränen stehen dem Vater in den Augen, und der Sohn blickt zu mir her mit einer erschütterten Glut. Sie gehen auf mich zu. Sie geben mir die Hand. Was Fremde war und Angst – es ist alles versunken. Der Herr, unser Gott, ist ein einiger Gott.

ALBRECHT GOES

Der Dreckspatz

Wir arbeiteten damals mit einer Handvoll Christen aus aller Welt in einer Siedlung von sehr, sehr armen Menschen. Sie wohnten nicht in Häusern, sondern in Baracken und Holzhütten, die so schlecht waren, daß der Regen hineinlief und der Wind hindurchpfiff. Und so groß war die Not, daß die Bewohner allen Mut verloren hatten, sich selbst zu helfen. Darum hatten wir uns vorgenommen, ihnen ihre Hütten halbwegs herzurichten, damit sie im Winter nicht frieren und erfrieren müßten. Und wir wollten ihnen gleichzeitig etwas von dem Kind in der Krippe sagen, das auch in einem solchen Holzschuppen geboren war.

Eines Tages kam Peggy, die Amerikanerin, zu uns, um uns bei unserer Arbeit zu helfen. Peggy war ein wunderschönes Mädchen. Sie war so schön, daß die Leute sich auf der Straße nach ihr umsahen. Und das Schönste an ihr war, daß sie immer aussah, als hätte sie gerade ein Bad genommen und sich umgezogen. Sie sagte immer: »Schmutz macht mich krank.«

Am nächsten Morgen zeigte ich ihr die Siedlung. Sie machte ganz erschreckte Augen. »Mein Gott«, sagte sie immer wieder, »wie schrecklich, wie schmutzig!« Und als wir dann die Hütte betraten, in der wir arbeiten wollten, wäre sie fast auf der Türschwelle schon wieder umgekehrt. Es sah wirklich schrecklich aus in

der Hütte. Die Witwe, die mit ihrem kleinen Jungen in ihr wohnte, war schon seit Wochen krank und konnte nicht mehr recht für sich sorgen. Es roch abscheulich, als wäre tagelang nicht gelüftet worden. Auf dem Spülstein und dem Herd türmte sich das unaufgewaschene Geschirr. Der Mülleimer lief über. Der Boden war mit Unrat bedeckt. Hunderte von Fliegen schwirrten umher. Und das Bejammernswerteste war der kleine Junge. Er lag neben seiner Mutter auf dem Bett und schlief. Vielleicht vier Jahre war er alt. Sein mageres Körperchen war in unsagbar schmutzige Lumpen eingehüllt. Das schwarze Haar war verklebt und verfilzt. Aus dem Mund rann ihm der Speichel.
Er wachte auf, als wir näher traten. Sofort hing sein Blick wie gebannt an Peggy. »Tante«, sagte er wie verzaubert. Wahrscheinlich hatte er noch nie etwas so Schönes gesehen wie Peggy. »Schöne Tante!« Und jauchzte laut. Er glitt vom Bett herunter. Er breitete die Arme aus und kam auf Peggy zugelaufen. Ich sah, wie sie totenbleich wurde. »Nein«, sagte sie, »nein!« Und wich zurück. Aber das Kind setzte seinen Weg fort, und wollte sie offenbar umarmen. »Geh weg!« schrie Peggy außer sich. »Geh weg!« Und als der Junge immer näher kam, tat sie etwas Schreckliches. Sie gab ihm einen harten Stoß vor die Brust, daß er hintenüber stürzte und bitterlich zu weinen anfing. Dann stürzte sie hinaus, ebenfalls weinend.
Ich ging ihr nach. Aber sie lief wie gehetzt vor mir her. Ich fand sie erst im Lager wieder. Sie war dabei, ihre Koffer zu packen.

»Aber Peggy«, sagte ich, »das ist doch nicht dein Ernst.«
»Doch«, sagte sie, »ich reise ab. Ich halte das nicht aus. Es ist zu widerlich.«
»So«, sagte ich. »Menschen in Not sind dir widerlich. Möchte wissen, warum du überhaupt gekommen bist. Schließlich ist das hier keine Sommerfrische. Wir sind hier, weil wir Christen sind und weil diese Menschen uns brauchen.«
»Es hat keinen Zweck«, sagte sie. »Ich ertrage den Schmutz einfach nicht. Ich habe mir eben zuviel zugetraut.« Und damit nahm sie ihr Gepäck – das meiste hatte sie ja noch gar nicht ausgepackt – und ging, nein lief hinaus, als könnte sie es auch nicht eine Minute länger bei uns aushalten.
Ich folgte ihr. Ich nahm ihr die Koffer ab. Ich wollte sie zur Bahn bringen, vielleicht überlegte sie es sich doch noch anders. Der Weg zur Straßenbahn führte an dem Haus vorbei, in dem wir gerade gewesen waren. Und das war unser Glück.
Wir sahen den Jungen schon von weitem. Er saß auf der Straße und beguckte sich die vorüberfahrenden Autos. »Komm bloß«, sagte Peggy entsetzt. »Komm, schnell!« Und sie ging weiter, so rasch sie konnte. Aber der kleine Junge hatte uns schon gesehen. »Tante«, schrie er und breitete wieder seine Ärmchen aus. »Tante!« und jauchzte.
Da blieb Peggy wie angewurzelt stehen. »Mein Gott«, sagte sie, »und ich habe ihm doch weh getan. Ich habe ihm doch weh getan!«

Dann ging alles sehr schnell. Die beiden setzten sich zur gleichen Zeit in Bewegung, auf der einen Seite der schmutzige kleine Junge, auf der anderen Seite die schöne, vornehme Peggy. Mit ausgebreiteten Armen liefen sie aufeinander zu. In dem Augenblick kam ein Auto angerast. »Halt!« schrie ich. »Bleib stehen! Ein Auto!« Denn sie mußten beide unfehlbar in den Wagen hineinlaufen. Aber sie hörten nicht. Mitten auf der Straße hockte Peggy sich nieder und fing den Kleinen in ihren Armen auf. Das Auto kam knapp einen Meter vor ihnen mit kreischenden Bremsen zum Stehen.

Es war ein seltsames Bild. Das schöne, vornehm angezogene Mädchen, das den kleinen, schmutzigen Jungen im Arm hielt und immer wieder abküßte, und davor der Autofahrer, der vor lauter Entgeisterung gar nicht zum Schimpfen kam. »Völlig übergeschnappt, was?« fragte er. »Ja«, sagte ich und lachte. Kopfschüttelnd kletterte er wieder in seinen Wagen. Ich schob Peggy hinüber auf den Bürgersteig. »Und was machen wir jetzt mit den Koffern?« fragte ich.

»Vielleicht trägst du sie wieder nach Hause«, sagte Peggy. »Ich werde inzwischen diesen Dreckspatz hier säubern.«

ERNST LANGE

Treib uns ins Paradies

ENGEL DER LIEBE UND FREUNDSCHAFT

Sagt mir doch nicht es gäbe keine Engel mehr

Sagt mir doch nicht es gäbe keine Engel mehr
Wenn Ihr die Liebe gekannt habt
Ihre rosigen Flügelspitzen
Ihre eherne Strenge.
Und es gäbe kein Eden mehr
Keinen Ort wo Löwen und Lämmer weiden
Wenn Ihr irrtet vertrieben
In Tälern schwarzverschlammten
Und lehntet die Stirn an den Sumpfbaum
Und er löste sich auf
Und es sänke zu Boden
Die Krone der Stamm
Und die schneefleckige Rinde.

MARIE LUISE KASCHNITZ

Erste Liebe

Unser Lager befand sich in der Nähe des Leuchtturms von Scholpin; und wenn wir abends vor unserem Gehäuse saßen, sahen wir den drehenden Lichtstrahl wie suchend über Land und Meer streichen ... Eines Morgens aber machte ich mich auf, um – ostwärts am Strande entlangwandernd – meine Liebste in Leba, dem kleinen Fischerstädtchen, zu treffen, wo wir uns für den betreffenden Tag verabredet hatten. Es handelte sich um meine erste Liebe zu einem Mädchen, und sie hatte bis dahin den »geistigen Charakter«, von dem Goethe im Blick auf erste Begegnungen zwischen den Geschlechtern spricht. Es gab Spaziergänge, es gab den Austausch von Gedichten, gepreßten Blumen, von besonders geliebten Büchern; es gab ein gestricktes Lautenband und ein Kettchen, am Halse zu tragen; es gab sprechende Händedrücke, vielsagende Blicke, gestammelte Bekenntnisse ... Aber noch hatte es weder Kuß noch Umarmung gegeben. Nein, dies nicht. Und es wäre sogar als eine Entweihung dessen empfunden worden, was sich unsäglich zart zwischen uns begab ... Nun aber wanderte ich am einsamen hinterpommerschen Strand entlang, dem geliebten Wesen entgegen, voll banger und süßer Erwartung. Eigenartig, daß dieser Weg längs der besonnten, ruhig atmenden See, vorbei an Fischerbooten und ihre Netze herrichtenden Fischern, sich

mit seinen kargen Einzelheiten meiner Erinnerung nicht näher eingeprägt hat. Zu stark war ich mit Sinnen und Gedanken auf das schöne Ziel fixiert.
Als wir uns am verabredeten Treffpunkt am Strande entgegenliefen, uns bei den Händen hielten in einem wahren Ansturm der Freude, wortlos noch – in diesem Augenblick war mir ahnungsvoll bewußt, daß nunmehr eine neue Stufe unserer Beziehung erklommen sei, wenngleich ich noch keine Vorstellung davon hatte, was diese neue Stufe wirklich bedeuten werde ... Wir suchten uns einen Platz abseits des Badebetriebs, fanden eine verlassene Strandburg, hatten vielerlei zu reden, verliebten Unsinn zumeist; aber auch Pathetisches, Überschwengliches wurde laut: Erklärungen zu Gott und Welt wurden abgegeben, was alles nicht hinderte, daß wir aßen und tranken, was die Frau Mama, Apothekerswitwe in Lauenburg, ihrem Töchterchen für die kurze Reise eingepackt hatte. Später badeten wir natürlich, und die bisher »platonisch« Geliebte im Badeanzug zu sehen, bereitete mir angesichts ihrer kräftig entwickelten weiblichen Formen nicht nur Verlegenheit, sondern fast einen verwunderten Schrecken. Froh war ich, mich an Ursels Seite in die Wellen stürzen zu können.
Der Tag verging allzu schnell, ein großer offener leuchtender Sommertag am Meer. Als die Sonne, zur blutroten Scheibe geschrumpft, sich in bestürzender Eile zum Horizont herabsenkte, befanden wir uns immer noch in unserer einsamen Strandburg. Schweigend jetzt zumeist, auf dem Rücken im Sande lie-

gend, die Arme hinterm Kopf verschränkt, ins Hohe und Weite blickend. Es kam etwas auf uns zu, für das es keine Worte gab, ein Unbekanntes und Unvermeidliches. Jeder Anlaß würde genügen, es vollends herbeizurufen: Und der Anlaß kam ... Ursel richtete sich auf, sah nach ihrer Strickjacke hin, die neben mir lag. Ich verstand, daß sie den Pullover anziehen wollte, ergriff ihn, rutschte auf Knien zu ihr hin, um ihr das Kleidungsstück in spaßhafter Feierlichkeit zu überreichen. Da sah ich, daß auch sie kniete, auf Knien mich erwartete ... So knieten wir zuletzt einander gegenüber ... nah, so nah, daß unser Atem sich vermischte. Ich ließ den Pullover fallen, legte meine Arme spontan, wenngleich zaghaft, um den Hals des Mädchens, unsere sonnenwarmen Wangen lagen aneinander ... Ich küßte ihre Hand, die mich streichelte. Ich küßte ihre Wangen, die kleine Narbe auf ihrer Stirn, zuletzt ihren Mund ... Sonst »geschah nichts weiter«, während wir voreinander im Sande knieten. Doch, es geschah etwas. Denn wenn ich anfangs in dieser ersten Umarmung noch zitternd bewegt war, so kam je länger, desto inniger eine tiefe Ruhe über mich; ein nicht zu beschreibendes Glücksgefühl durchdrang mich bis auf den Grund meiner Seele. Wohl spürte ich mit Entzücken unter meinen Händen den Rücken der Geliebten, wohl durchschauerte es mich, das atmend Lebendige an meiner Brust zu spüren. Aber nicht vor allem dies war es, was mich beseligte. Es war das *Geheimnis der Nähe,* das mich empfinden ließ: daß dies doch ewig dauern möge.

Aber dieses unaussprechliche Glück des Naheseins, Leib an Leib wie Seele an Seele, es bewirkte zugleich ein Offensein für die Weite ringsum. Denn als wir uns schließlich trennten, war auch mein Rückweg längs des dunkelnden Strandes ein traumhaftes Glück. Ich hörte das leise Aufschlagen der Wellen zu meinen Füßen mit überwachen Sinnen, sah das Wehen des Strandhafers auf den Dünen als einen schwingenden Tanz, an dem ich teilnahm; mein eigener Schritt war tänzerisch, wenn ich den herschwappenden Wassern auswich. Ich setzte mich in die Fischerkähne, an denen ich vorüberkam, sang in die belebte Dunkelheit hinaus. Mein Herz war so geöffnet zur Weite hin, wie es kurz zuvor noch durch die Nähe zu meinem Mädchen gefangen gewesen war . . .

WILLY KRAMP

Zärtlichkeit

Man stelle sich einmal einen kleinen verträumten Platz vor, mit leise rauschenden Bäumen ringsherum und einem alten Brunnen in der Mitte. In Südfrankreich vielleicht oder auch irgendwo in Bayern, das ist ganz egal. Auf diesem Platz eine Bank und auf der Bank einen Alten. Oder besser: einen Senioren, einen »Ur-Senioren« geradezu, denn Monsieur Careux ist bereits 92 Jahre alt. Ein alter Opa also, der Liebling der Kinder. Das heißt, das war einmal, bis vorgestern. Die Gutmütigkeit seines Schwiegersohnes hat sich aber im Laufe der Jahre erschöpft, und vor zwei Tagen sagte er zu seiner Frau:
»*So* geht es nicht weiter, wir *brauchen* einfach sein Zimmer, die Kinder werden immer größer – wir haben keinen Platz mehr für ihn! Das *muß* er doch einsehen! Morgen gehe ich zum Altenheim und frag mal nach, ob sie ihn aufnehmen können.« – Der Schwiegersohn hatte sehr leise gesprochen, aber der Opa mag zwar alt sein, taub ist er deswegen aber noch lange nicht! Er hat alles gehört. Und heute morgen beim Frühstück hat schließlich der Schwiegersohn – dieses Mal laut, bestimmt und übertrieben freundlich erklärt:
»Ich habe mich beim Altenheim erkundigt, es geht in Ordnung. Du wirst es dort bestimmt gut haben. Du bist doch gesund und rüstig und kommst in die Ab-

teilung der ›fröhlichen Senioren‹. Was meinst du dazu?«
Also auch noch fröhlich! Sonst noch was! Wenn der Opa noch genügend Kraft hätte, so würde er seinem Schwiegersohn die Nase plattdrücken. Nur so, damit auch er fröhlicher aussieht. Und jetzt sitzt er allein auf der Bank auf dem kleinen, verträumten Platz.
Da kommt eine alte Frau angetrippelt und setzt sich neben ihn. In einer Hand einen Stock, in der anderen eine kleine Tasche, offensichtlich auch schon aus den zwanziger Jahren. Komisch, Menschen, die einer Minderheit angehören, kommen einander meist näher. Sie lächeln sich zu und reden bald ein wenig miteinander:
»Guten Tag, Madame.«
»Guten Tag, Monsieur.« Zuerst spricht man übers Wetter und übers Rheuma. Dann schweigt man wieder. Ob mit neunzig oder mit zwanzig Jahren – man erzählt nicht gleich jedem Fremden sein ganzes Leben, einfach so.
»Auf Wiedersehen, Monsieur.«
»Auf Wiedersehen, bis morgen vielleicht?«
»Ja, vielleicht.«
Am nächsten Tag sitzen sie wieder nebeneinander und reden – ein wenig gelöster. Die erste Schüchternheit ist jetzt überstanden, und der Opa erzählt von dem Schwiegersohn und dem Altenheim. Sie spricht über ihre Einsamkeit in ihrem Häuschen, wo sie alleine lebt, seitdem ihre einzige Tochter nach Amerika gegangen ist. Die schreibt nur einmal im Jahr, vor

Weihnachen, und ihre Enkelkinder kennt sie nur von Fotos.

»Aber man darf sich nicht beklagen«, meint sie ohne Bitterkeit, »so ist es nun mal, wenn man alt ist. Man muß sich einfach damit abfinden!«

»Warum eigentlich? Ich habe eine Idee. Sehen wir uns morgen wieder?«

»Aber ja, ich ... ich freue mich ja schon jeden Tag darauf.«

Es dauert aber noch eine ganze Woche, bis der Opa mit seiner Idee endlich herausrückt ... Leidenschaftlich, fast wie in seinen besten Jahren, setzt er zu einer gewichtigen Rede an:

»Wissen Sie was, meine Rente und Ihre dazu – und wir verstehen uns doch ganz gut, und ich sehe einfach nicht ein, daß ich auf einmal abgeschoben werden und einsam leben soll, nur weil ich alt bin! Und *Sie* sollten auch nicht so alleine bleiben. Wer hat schon das Recht, uns daran zu hindern, so zu leben, wie wir möchten, wie wir *könnten*? Wir zeigen es allen! Wir ziehen einfach zusammen!«

Die alte Dame lächelt. Mit 87 Jahren verliebt man sich vielleicht nicht mehr, aber man spürt die geringste Zärtlichkeit wie ein Geschenk des Himmels. Gewiß, die große Liebe hat man hinter sich, aber für eine Freundschaft ist es niemals zu spät ... Sie errötet leicht. Denkt an ihre zwei Katzen, an die Rosen vor ihrem Häuschen, an den Zaun ringsherum, der mit den Jahren auch immer gebrechlicher wurde. Soll sie es wagen? Ihr ist auf einmal auch eine Idee gekom-

men . . . aber nein, lieber nicht. Der lacht mich bestimmt nur aus. Na, und wenn schon!
»Monsieur Careux . . . vielleicht . . . ich meine . . . bitte schauen Sie mich nicht so an, sonst traue ich mich nicht!«
»Sagen Sie schon! Woran denken Sie?«
»Ich . . . ich meine, wir könnten auch . . . heiraten!«
Jetzt ist es heraus. Und gleich sprudelt sie weiter: »Es wäre so schön. Dann wüßte ich auch, daß das Häuschen nicht verkauft wird, falls ich vor Ihnen sterbe. Sie würden es weiter pflegen und darin wohnen. Es wären dann Ihr Haus und Ihre Rosen. Und auch die Katzen – die eine ist noch ganz klein –, sie würden bei Ihnen bleiben. Und der Zaun, den können Sie wieder neu streichen. Ich kann noch gut kochen, und . . .«
Und die Hochzeit fand am 10. Juli 1964 statt. Um 9 Uhr beim Standesamt, um 11 Uhr in der Kirche an dem kleinen Platz mit den Bäumen und der Bank.
Sie – 87 Jahre und weiße Haare – trug ein altrosa Kleid. Er – 92 Jahre mit einem Strohhut wie Maurice Chevalier – trug einen dunkelblauen Anzug. Es war eine ganz private Zeremonie. Die Familien wurden nicht eingeladen.

PIERRE BELLEMARE

Komm Engel

Komm Engel
treib uns
ins Paradies

Dort sind wir
zwei winzig
kleine Blumen

ROSE AUSLÄNDER

Liebe ist stark wie der Tod

Diese Geschichte ist so schön wie die Namen ihrer Spieler: Maurice, Chantal, Lucien, drei junge Menschen, dazu ihr Vater Percot. Diese Familie Percot lebt in Lyon. Sie hat uns ein Zeugnis der Liebe geboten, von der König Salomo sagte, daß sie stark wie der Tod sei. Es ist eine große und herrliche Geschichte, an die ich mich erinnern möchte. Zwar sagen viele, daß sich Nächstenliebe heute nicht mehr auszahle, wer Beistand leiste, leide meist Schaden, wer schlichten wollte, werde am Ende verprügelt, wer helfe, werde ausgenützt. So das Urteil von Zeitgenossen.

Meine Geschichte erzählt aber von einer Liebe, die selbst die Gefahr für Leib und Leben nicht scheute. Die Brüder Maurice und Lucien gingen sie für das Mädchen Chantal ein, ihre Schwester: Chantal, die dreizehnjährige, war krank auf den Tod, und die Ärzte sagten, sie brauche wenigstens eine neue Niere. Maurice, 22, und Lucien, 20, waren sofort bereit, eine Niere zu spenden. Idealkonkurrenz, Tateinheit von Liebe und Tod. Nur einer wurde im Wettstreit gebraucht. Sie würfelten, biblisches Orakel. Lucien, der jüngere, warf die Münze mit dem Bild nach oben. Die Operation glückte, die Schwester wurde gerettet, aber Lucien starb an den Folgen der Verpflanzung. Eine Familie in ihrem Leid um das Bett der genesenden Schwester: Sie weiß noch nichts vom Tod des Bru-

ders, von dessen Organ sie lebt, leben wird ein Leben lang, das Zeugnis der Liebe in ihrem Innern tragend. Das klingt wie ein Roman von vorvorgestern, aber die ganze Stadt Lyon ist bewegt von der Geschichte. Es ist, als hielten alle den Atem an: Ist die Welt nicht doch ganz anders, als wir dachten? Die Allerweltszeichen weisen nicht hierher, aber wäre es nicht doch besser, unter solchen anderen Beispielen zu stehen?
Vater Emile Percot erklärt, besser eins meiner Kinder hat die Niere gegeben und dran geglaubt – besser eins meiner Kinder ist gestorben als vielleicht ein anderer Mensch. Und wenn ich jünger wäre, sagt Percot, hätte ich's auch so gemacht, und Maurice und Lucien hätten auch dann so handeln müssen, wenn es nicht die eigene Schwester gewesen wäre.
Daß es Liebe mit der Gefahr zu tun hat, war den Brüdern von Lyon kein Grund, von der Sache zu lassen. Es ist der Punkt, an dem sich das kostenlose und im Kostenfall diffamierte Nettsein zueinander von jenem Antrieb im Menschen unterscheidet, der heute unter seinem Markenartikel Liebe so schwer den Weg von der Gasse in die Herzen findet.

JOHANN CHRISTOPH HAMPE

An die Engel meiner erwachsenen Kinder

Seid ihr immer noch bei ihnen
und habt ihre Wünsche in euren Händen?
Wißt ihr etwas von ihrer kampferfüllten Einsamkeit?
Und wenn sie nun euch und das Leben ablehnen,
wendet ihr euch dann ab und weint,
oder bleibt ihr trotzdem bei ihnen?

Sie brauchen euch,
mehr noch als damals, als sie klein waren;
sie brauchen euch ganz dringend!
Denn die Jugend ist die schwerste Zeit.
Alles muß eigenhändig geregelt werden,
man muß sich freikämpfen, alles selbst durchdenken,
und von den Engeln will man nichts wissen.

O ihr Engel meiner erwachsenen Kinder!
Eine Mutter darf nicht länger eingreifen, aber ihr dürft.
Eine Mutter darf nicht länger Rat geben,
aber eure Weisheit kommt von Gott.

Bleibt bei meinen erwachsenen Kindern, ihr Engel!
Helft ihnen, im Gestrüpp zu wandern
und den rechten Weg zu finden,
ihren eigenen Weg.

GEBET AUS SCHWEDEN

Friede auf Erden

ENGEL ÜBER BETHLEHEM

Aus der Krippe scheint das Licht

»Das Wort ward Fleisch und wohnte unter uns, und wir sahen seine Herrlichkeit, eine Herrlichkeit als des eingeborenen Sohnes vom Vater, voller Gnade und Wahrheit« (*Johannes* 1,14). Das ist einer der ganz großen Sätze. Das Wort ward Fleisch – Gott wurde Mensch. Das ist der Hauptsatz. Es gibt keinen größeren über Weihnachten. Und keinen, der es deutlicher ausdrückt. Gott einer von uns.
Wir drängen aus unserer Haut hinaus, weil wir anders sein wollen, als wir sind. Verständlicherweise. Er drängt in unsere Haut hinein. Wir sagen: »Du, laß dich nicht mit denen ein, die Verrat in den Augen haben und Heimtücke in ihren Herzen und Terror in ihren Seelen.« Und er sagt: »Ich komme, um einer von euch zu werden, ein Mensch.« Gott wird Mensch. Gott zielt auf das, dessen wir uns oft genug schämen, und nimmt uns an, das, was wir sind als Mensch, und nicht das, was wir gern wären. Freuen wir uns ein bißchen darüber, daß damit etwas in Bewegung kommt, daß uns da etwas anrühren will, was mehr ist, als was uns sonst anrührt! Und anders ist. Und von uns nicht etwas verlangt, uns nicht für dieses oder jenes noch gewinnen möchte, sondern uns gegeben ist, hingegeben: Er unter uns, in uns.
Wie ist das mit Gott und mit mir? Bei manchem ist es so, wie einer mal gesagt hat: »Wir reden nicht mehr

miteinander, aber wir grüßen uns gegenseitig.« Warum reden wir nicht mehr miteinander? Und was ist da zwischen Gott und uns? Eine Mauer? Oder eine zu große Entfernung? Oder Niemandsland, oder das Nichts, oder die Gleichgültigkeit? Oder eine Schuld? Gott wird Mensch, das heißt, er trägt Mauern ab, um uns zu erreichen. Gott wird Mensch, das heißt, er überbrückt Gräben. Und dort, wo Niemandsland ist, da schlägt Gott sein Zelt auf – damit endlich wieder Jemandsland daraus wird, damit man da wohnen kann. Gott, kann man wirklich sagen, mischt sich ein, nicht um uns zu stören, sondern er mischt sich ein, damit wir zu dem finden, was wir eigentlich sein können, Menschen. Menschen, die diesen Namen verdienen und dieser Würde entsprechen und die auf dieser Erde etwas machen, was eben nicht nur mit Bomben und Terror und Drohung und Angst zu tun hat.

Es kann sein, daß mancher sagt: Es gab Zeiten, da war mir Gott zu fern, zu fremd, zu weit weg. Das muß anders werden. Aber mancher sagt nun auch: Jetzt ist er mir zu nahe. So habe ich nicht gerechnet, so dicht dabei, so in das Leben eingegangen, so in meiner Persönlichkeit anwesend, daß ich meine großen, manches Mal schwindelerregenden Gedanken über Gott abbrechen muß zugunsten seiner Nähe. Die Geschichte von Weihnachten sagt, Gott sei nicht weiter entfernt, als daß man den Finger an die angelehnte Stalltür legen, die Tür ein bißchen aufziehen und schon im vollen Glanz und Licht stehen könne. –

Manchem ist er jetzt zu nahe, zu dicht. Und er sagt das dann mit anderen Worten: Was machen wir denn mit solch einem Gott, der ein Kind wird? Was für einen Autoritätsverlust leistet er sich in einer Welt, wo nur gilt, wer auf den Tisch klopft, wo nur gilt, wer die stärksten Bataillone hat, wer auf etwas zeigen und dementsprechend Wegbereitung verlangen kann?
Luther sagt sehr schön: »Gott hat ein ganz kleines Gesicht.« Er ist nur ein Kind, aber er ist Gott. Nun möchte man am liebsten Gott unterbrechen in seinem Kommen und zurückfragen: Weißt du nicht, was das für ein Risiko ist? Weißt du nicht, wie mißtrauisch wir geworden sind? Wir, deine Menschen, mißtrauisch gegenüber den Nachbarn, den Nächsten und Übernächsten und gegenüber den Fernen sowieso und manchmal sogar gegenüber denen, die unter uns aufgewachsen sind und die wir erzogen haben! – Und so einer willst du werden? Aber er bleibt dabei. Er wird Mensch.
Gott wird Mensch. Er bleibt dabei, auch wenn wir bei Heidegger lesen können: »Keine Zeit hat so viel und so Mannigfaltiges vom Menschen gewußt wie die heutige, und keine Zeit wußte weniger, was der Mensch sei, als die unsrige.« – »Die Ameise kennt die Formel ihres Ameisenhaufens, die Biene die Formel ihres Bienenstocks«, schreibt Dostojewski, »sie kennen sie zwar nicht auf Menschenart, sondern auf ihre Art, aber mehr brauchen sie nicht. Nur der Mensch kennt seine Formel nicht!«
Natürlich haben wir unsere Formeln, indem wir sa-

gen: Geld haben genügt. Wenn wir sagen: Hast du was, so bist du was. Wo wir sagen: Ich brauche niemanden, ich kann mir selbst helfen. Wir haben schon unsere Formeln: Hilf dir selbst, so hilft dir Gott. Aber das sind sie doch nicht. Wir suchen doch nach jener Formel des Menschen, wonach alle möglichen Disziplinen unserer Wissenschaft suchen, mit der uns gesagt wird, was alles machbar ist und wo man ansetzen und wieviel man erklären kann. Aber wo geht dabei das Wissen mit der Liebe? Und wo geht die Freiheit mit der Liebe? Schrumpft nicht alles zusammen, was wir so in der Formel des Menschen suchen, auf das eine: entweder Macht oder Liebe?

»Das Wort ward Fleisch und wohnte unter uns.« Eigentlich ist das die ganze Formel des Menschen. Mehr braucht es nicht. Aber begreifen wir, daß in der Menschwerdung Gottes eine Bewegung vor sich geht, die auf uns zielt und die bei uns eine ebensolche Bewegung auslöst? Menschwerdung Gottes, Menschwerdung des Menschen. Versuchen wir einmal dieses Nebeneinander darzustellen. Gott verläßt seine Position. Er ist nicht mehr derjenige, der ganz oben und ganz weit weg ohne Namen, ohne Gestalt, unzugänglich ist. Er verläßt seine Position und kommt zu uns. Er tritt an unsere Seite. Wenn wir das übersetzen in die Menschwerdung des Menschen, heißt das nicht, daß wir auch die Positionen, in denen wir um Recht kämpfen, in denen wir versuchen, mehr zu sein als wir sind, aufgeben könnten? Das ist nicht ein Gesetz, das uns niederdrücken will, das ist ein

Angebot. Das Angebot, sich in eine Bewegung hineinziehen zu lassen, in der man nicht mehr eingeschworen sein muß auf das, was man gestern und vorgestern immer sein mußte und immer weiter sein wird, sondern wo unser Leben wieder in Bewegung kommt, unruhig wird, weil nicht mehr das passiert, was wir schon auswendig können, sondern das Neue, das abenteuerlichen Charakter hat.

Manchem mag es an den Weihnachtstagen ergehen wie jenem Mann, der bei einer öffentlichen Weihnachtsfeier auf den Lichterbaum starrte und mitten unter den brennenden Kerzen eine entdeckte, die nicht angezündet war. Der Anblick dieses toten Lichtes legte sich ihm schwer aufs Herz. Er kam sich selber vor wie eine Kerze ohne Licht. Wie jemand, an dem Weihnachten mit seiner Botschaft vorübergegangen ist, ohne ihn zu entzünden. Welch ein Bild, nicht wahr! Sich wiederzuerkennen in einer Kerze, die nicht brennt. Ein Leben ohne Glanz, ohne Echo, ohne Reaktion auf das Wunder der Weihnacht.

Und wenn es so ist, daß Gott gerade für solche sein Weihnachten bereitet hat? Im Grunde genommen stehen wir uns ja oft genug selbst im Weg. Unser eigener Glanz blendet uns, unsere Innerlichkeit füllt uns so aus, daß wir gar nicht die Armut erkennen, an die wir erinnert werden mit diesem Kind in der Krippe. Denn Weihnachten bedeutet doch: Wir sind's nicht, die das Licht in die Welt gebracht haben oder bringen müssen. Er ist es, der uns das bringt. Und diesem Licht können sich alle die nahen, die nichts sind und nichts zu bringen haben. Denn Weihnachten ist für die Deprimierten da, die sich ihrer selbst nicht sicher sind, unbeständig in ihren Gefühlen, unzuverlässig in ihrem Urteil, die von sich sagen: Ich tauge nichts. Ich bin ein Versager. Denen gilt doch: »Lasset fahrn, o lieben Brüder, was euch quält; was euch fehlt: ich bring alles wieder.«

Sich von diesem Kind so ansprechen zu lassen, das heißt: verstehen, begreifen, daß man trotz allem in diese Welt eingebettet ist. Denn in Jesus ist Gott ja nicht als der Wohltäter der Menschheit gekommen, sondern als einer von uns, einer, der mit seinem Leben unser Leben ausmißt, der mit seiner Armut unsere Armut auffüllt. Ist das Kind in der Krippe nicht ein Zeichen dafür, wie die Hilflosen Gott nahe sind, die Schwachen, eben die, die sich selbst vorkommen wie eine Kerze ohne Licht? Denn er setzt uns ja nicht gleich mit dem, was er an uns sieht, sondern mit dem, was er für uns ist. So ist er den Weg der vollkommenen Liebe gegangen, die sich so gibt, daß sie verstanden werden kann. So ist dieses Kind Anzeichen einer neuen Welt, eines neuen Menschen, ein Unterpfand Gottes sozusagen dafür, daß er Raum und Zeit und ein Herz für uns hat. Ich darf Mensch sein, nicht mehr, aber auch nicht weniger. Die Menschwerdung Gottes in Jesus hilft mir dazu, mich selbst anzunehmen, so, wie ich bin. Gewiß, wir sind nur winzige Körner, aber es gibt Sandkörner, und es gibt Samenkörner. Es gibt welche, die fliegen mit dem Wind der Zeit davon, hier und dahin getrieben. Und es gibt andere, die werden einwurzeln in dieser Zeit, in dieser Welt, in diesem Leben, und Frucht tragen dreißigfältig, sechzigfältig, hundertfältig. Gott ist Mensch geworden. Werden wir Menschen! Lassen wir uns dazu ermuntern, uns gegenseitig mit Vertrauen zu begegnen, das nicht mehr aufgibt, weil er auch nicht aufgegeben hat. Vielleicht, daß wir dann irgendwann unterwegs bis zu dem Satz finden: »Wir sahen seine Herrlichkeit, eine Herrlichkeit als des eingeborenen Sohnes vom Vater, voller Gnade und Wahrheit.« Freilich, ob wir sie gesehen haben und wie wir sie gesehen haben – das werden am ehesten die anderen merken, die mit uns leben.

JOHANNES KUHN

Ein Weihnachtsengel

Mit den Tannenbäumen begann es. Eines Morgens, noch ehe Ferien waren, hafteten an den Straßenecken die grünen Siegel, die die Stadt wie ein großes Weihnachtspaket an hundert Ecken und Kanten zu sichern schienen. Dann barst sie eines schönen Tages dennoch, und Spielzeug, Nüsse, Stroh und Baumschmuck quollen aus ihrem Innern: der Weihnachtsmarkt. Mit ihnen aber quoll noch etwas anderes hervor: die Armut. Wie nämlich Äpfel und Nüsse mit ein wenig Schaumgold neben dem Marzipan sich auf dem Weihnachtsteller zeigen durften, so auch die armen Leute mit Lametta und bunten Kerzen in den bessern Vierteln. Die Reichen aber schickten ihre Kinder vor, um denen der Armen wollene Schäfchen abzukaufen oder Almosen auszuteilen, die sie selbst vor Scham nicht über ihre Hände brachten. Inzwischen stand bereits auf der Veranda der Baum, den meine Mutter insgeheim gekauft und über die Hintertreppe in die Wohnung hatte bringen lassen. Und wunderbarer als alles, was das Kerzenlicht ihm gab, war, wie das nahe Fest in seine Zweige mit jedem Tag dichter sich verspann. In den Höfen begannen die Leierkästen die letzte Frist mit Chorälen zu dehnen. Endlich war sie dennoch verstrichen und einer jener Tage wieder da, an deren frühesten ich mich hier erinnere. In meinem Zimmer wartete ich, bis es sechs werden wollte.

Kein Fest des späteren Lebens kennt diese Stunde, die wie ein Pfeil im Herzen des Tages zittert. Es war schon dunkel, trotzdem entzündete ich nicht die Lampe, um den Blick nicht von den dunklen Fenstern überm Hof zu wenden, hinter denen nun die ersten Kerzen zu sehen waren. Es war von allen Augenblicken, die das Dasein des Weihnachtsbaumes hat, der herrlichste, in dem er Nadeln und Geäst dem Dunkel opfert, um nichts zu sein als nur ein unnahbares und doch nahes Standbild im trüben Fenster einer Hinterwohnung. Doch wie ein solches Sternbild hin und wieder eins der verlassenen Fenster begnadete, indessen viele weiter dunkel blieben und andere, noch trauriger, im Gaslicht der trüben Abende verkümmerten, schien mir, daß diese weihnachtlichen Fenster die Einsamkeit, das Alter und das Darben – all das, wovon die armen Leute schwiegen – in sich faßten. Dann fiel mir wieder die Bescherung ein, die meine Eltern eben rüsteten. Kaum aber hatte ich so schweren Herzens, wie nur die Nähe eines sicheren Glücks es macht, mich von dem Fenster abgewandt, so spürte ich eine fremde Gegenwart im Raum. Es war nichts als ein Wind, so daß die Worte, die sich auf meinen Lippen bildeten, wie Falten waren, die ein träges Segel plötzlich vor einer frischen Brise wirft.

»Alle Jahre wieder
Kommt das Christuskind
Auf die Erde nieder,
Wo wir Menschen sind.«

Mit diesen Worten hatte sich der Engel, der in ihnen begonnen hatte sich zu bilden, auch verflüchtigt. Doch nicht mehr lange blieb ich im leeren Zimmer. Man rief mich in das gegenüberliegende, in dem der Baum nun in die Glorie eingegangen war, welche ihn mir entfremdete, bis er, des Untersatzes beraubt, im Schnee verschüttet oder im Regen glänzend, das Fest da endete, wo es ein Leierkasten begonnen hatte.

WALTER BENJAMIN

Das Paradies auf Erden

Als Christus kam zur Erden in Bethlehem im Stall,
die Nacht mußt Mittag werden,
so hell erschien das All.
Niemals so gleißend, nie so verheißend
strahlten die Sterne am Firmament
und der am hellsten brennt,
er ruft zum Kind drei Weise fern aus dem Orient.

Den Hirten bei der Herde erscheint ein weißes Licht.
Ein Engel zu der Erde mit lauter Stimme spricht:
»Nichts soll euch ängsten, Gott liebt am längsten,
da Er den Sohn zum Bruder euch schenkt.
Wenn ihr mit Christus denkt,
so hat sich auf die Erde das Paradies gesenkt.«

Die Feinde schließen Frieden,
der Löwe schont das Schaf,
der Tiger schützt hinieden
des Zickleins sanften Schlaf.
Bär und Kälbchen, Adler und Schwälbchen
leben zusammen liebreich und zahm.
Wie zwischen Wolf und Lamm
ist süßer Himmelsfrieden beschieden Adams Stamm.

AUS ITALIEN

Die Engel sind Gottes Falken

Es gibt Tage, an denen spricht er kein einziges Wort. Er schließt sich in die Werkstatt ein und läßt die Nachbarn vergeblich anklopfen. Von früh bis spät poltert er im Hause herum, die Säge kreischt, der Hobel knirscht, die Schläge der Axt dröhnen bis auf den Hof hinaus. Nachts hört man seine Schritte, er geht auf und ab, hin und zurück in den knarrenden Stiefeln, die ihm ein Legionär zum Lohn für eine Tischlerarbeit gegeben hat. »Nehmt euch in acht vor ihm«, sagen die Nachbarn. Er schwingt Hammer und Beil, als wolle er der ganzen Welt den Schädel einschlagen. Man kennt solche Fälle: Über Nacht werden die Sanftmütigen toll, die Redenden stumm, die Sehenden blind, die Jungen bekommen weißes Haar. Er war immer wunderlich, ein Eigenbrötler, ein Träumer am hellichten Tag.

Träumt am Tag, das ist wahr, in der Nacht liegt er wach, in der Finsternis sieht er das Licht. Wenn die Sonne aufgeht, wird es dunkel vor seinen Augen. Verkehrte Welt: Nachts schleudern sie Feuer vom Himmel, am Morgen blinzeln die Sterne. Schon wieder klopft es an der Tür. Er wird nicht öffnen. Er, den ihr Joseph von Nazareth nennt, hat euch nie gesehen, eure Stimmen und Gesichter sind ihm fremd. Habe mich eingeriegelt, Bretter vor die Fenster genagelt. Will im Gefängnis sein, im Kerker, bei Wasser und

Brot. Das Flämmchen, das im Öl der Lampe schwimmt, gibt genug Licht her für einen wie mich, der den ganzen Tag über in der Ecke hockt und auf seine Hände starrt, statt etwas zu tun.

Mein letzter Auftrag war ein Sarg für ein Kind. Vor einem Jahr hab' ich für das gleiche die Wiege gemacht.

Wiege und Sarg, so geht es fort und fort, man lebt dafür, anderen das erste und letzte Haus zu richten, in dem sie ruhen. Im vergangenen Jahr sind viele Kinder gestorben. Sie kamen tot aus dem Mutterleib, die Seuche, die sie dahingerafft, hat keinen Namen. Noch mehr werden sterben. Der Kindertod geht um, er sammelt Säuglinge ein, er liebt ihr rosiges, zartes, noch faltiges Fleisch. Er geht um, klopft an die Türen, knarrt die Holzstiegen hinauf und hinunter, blickt den Müttern zu tief in die Augen. Ein Jüngling ist es, weiß wie ein Marmordenkmal, er trägt einen Kranz im Haar und eine Fackel in der Hand, er gleicht den Göttern, die auf den Altären der Römer stehen.

Besser ist es, man bleibt allein und bereitet sich in der Einsamkeit vor für das Sterben. Der Tod geht um! Nimm dich in acht, du, die draußen am Tor klopft und mich mit ängstlicher Stimme ruft. Auch dein Sohn, den du gebären wirst, könnte unter den Ermordeten sein. Es gibt Augenblicke, in denen dreht sich die Zeit nach mir um; sie läuft in der falschen Richtung, hetzt atemlos auf mich zu. Die Zukunft zeigt mir ihr entstelltes Gesicht, sie ist ein Ungeheuer, sie frißt ihre Kinder. Hockt auf der Schwelle zum Tor der Ewigkeit, verdaut und käut wieder, was sie verschlungen hat. Wie lange soll es noch weitergehen, das Verschlingen und Ausspielen, das Licht und die Finsternis? Leben und Tod, immer im Kreis herum, im Ringelreihen. Gebt euch die Hand, singt das gleiche Lied wie die Kinder, die draußen im Hof spielen. Die Welt will sterben, haltet die Uhren an, schüttet den Sand aus den Stundengläsern!

Jung und töricht bist du, Maria! Sag mir, von wem ist das Kind? Wem gilt das Lächeln, das nicht mehr von deinen Lippen weicht, für wen glüht der Funke in deinen Augen? Klopfe nur, rufe nur, bettle vor meiner Tür. Ich werde das Licht in deinen Augen ausblasen, ich zertrete mit meinen Füßen die Glut, das Bild des Unbekannten wird verlöschen in deinem Herzen. Ein Engel hat's dir gesagt, da muß ich lachen! Wie sah er aus, verrate es mir, Mädchen! Denkst du an ihn, wenn der Funke in deinen Augen aufglimmt, siehst du ihn vor dir, wenn du ohne Grund wie eine Schwachsinnige vor dich hin lächelst? Solange ich lebe, habe ich keinen Engel gesehen. Vielleicht besuchen sie lieber die Weiber, sie sind wie wir geschaffen, die Söhne des Lichtes. Wie lange willst du noch lügen? Wenn ich dich frage, wirst du rot wie ein Kind, senkst die Lider, kannst mir nicht in die Augen blicken. Erzähle es keinem außer mir, Maria, man wird dir nicht glauben, man zerrt dich vor ein Gericht, man wird dich in den Kerker einsperren oder ins Narrenhaus. Die Engel besuchen uns Menschen nicht mehr. Sie müssen schlafen bis zum Jüngsten Gericht. Da haben sie viel zu

tun, flattern im Sturm hin und her mit schweren Flügelschlägen, blasen Posaune, bis ihnen der Atem ausgeht, die Toten haben Dreck in den Ohren.
Mit unseren Vätern standen sie auf du und du, in ihren Häusern gingen sie aus und ein, fast täglich sprach einer zu ihnen. Zu Abraham kamen drei Männer wie Nachbarn vom Feld, er lud sie ein, an seinem Tisch Platz zu nehmen. Den jungen Tobias führte ein Fremder aus dem Elternhaus, ein fröhlicher Reisekamerad, ein guter Jäger und Fallensteller, der den Wunderfisch aus dem See hervorzog. Mit Jakob rang ein muskelstarker Flügelmann bis zum Morgenrot, er verrenkte ihm die Hüfte, um seine Macht zu beweisen. Engel über Engel: Myriaden von ihnen flogen wie Leuchtstaub in der Luft herum, kreisten wie Adler über ihrer Beute. Drei Engel für Abraham, eine ganze Leiter voll Himmelssöhne für Jakob, ein geflügelter Bote für Maria, die Ungetreue, für mich, Joseph, die Finsternis, die Kälte und Einsamkeit.
Es war wieder Nacht geworden. Er legte sich auf den Boden nieder, sein Mund war ausgetrocknet vom Staub. Er wälzte sich auf die Seite, er zog Beine und Arme an wie ein Kind, das Schutz sucht und einschlafen will. Ihm war kalt, er kroch unter das Schafsfell, verbarg sein Gesicht. Plötzlich spürte er die Gefahr: Hoch über ihm, in der klaren Abendluft, kreiste lautlos ein Vogel, ohne Flügelschlag. Sein scharfes Auge hatte ihn wie eine Maus zwischen den Ackerschollen entdeckt, er hielt inne im Flug. Gleich würde er niederstoßen und die Fänge ins Fleisch seines Opfers

bohren. Die Engel sind Gottes Falken. Er hat sie abgerichtet zur Jagd. Sie steigen auf von seiner Hand, um ihre Opfer zu schlagen, und kehren gehorsam zu ihm zurück. Steil ist der Sturz der Himmelssöhne, die fallen kopfüber zur Erde nieder, als habe das Geschoß des Jägers sie tödlich getroffen.

Ich flehe dich an, Herr, gib ihm keine Gestalt, laß ihn nicht mit mir ringen, ich ertrage seine Berührung nicht, schon der Ton seiner Stimme könnte mich töten! Vater Abraham hat Märchen erzählt, seine Kinder haben sie wiederholt bis auf den heutigen Tag. Ich, Joseph von Nazareth, werde die Wahrheit bezeugen. Der Engel des Herrn hat keine Gestalt, er ist nicht geschaffen nach des Menschen Bilde. Wir begegnen ihm nicht wie einem Nachbarn auf dem Felde, er sitzt nicht auf der Schwelle unseres Hauses wie ein Fremder, der an unserer Mahlzeit teilnehmen will. Wir hören auch nicht seine Stimme aus den Wolken, seine Augen leuchten nicht, er hat keine Flügel. Die Fallen unserer Ohren und Augen fangen ihn nicht, unsere Sinne wittern nicht seine Nähe. Was soll ich denen sagen, die mich nach der Wahrheit fragen? Wie kann ich sprechen, ohne zu lügen? Mir ist ein Engel erschienen, aber ich sah ihn nicht, zu mir hat ein Engel gesprochen, aber ich hörte ihn nicht. Maria, du sahst ihn nach deinem Bilde, mit Locken, in einem Weibergewand, mit einem Kranz im Haar, einer Blume in der Hand. Sein Anblick war lieblich, du konntest nicht glauben, daß es einer der Cherubime mit Schwert und Rüstung war, der die Eltern der

Menschheit aus dem Paradiese vertrieb. Laß dir sagen, Mädchen, er ist kein Zauberer, kein Verwandlungskünstler, der in verschiedenen Masken und Rollen auftritt und um die Gunst des Publikums buhlt, weil sein Herr es befiehlt. Du wirst ihn vergessen, sein Glanz wird verlöschen, seine Züge werden sich mit den meinen vermischen, die du täglich siehst.
Ich habe kein schönes Gesicht, ich gefalle den Mädchen nicht, mich nimmt man, wenn sich kein anderer findet, zum Ersatz für den vergeblich ersehnten Geliebten, als Stellvertreter des Bräutigams, der niemals die Schwelle betritt. Auf dieser Erde lebt niemand von Träumen, ihr braucht einen Kindsvater, einen Hausvater, Mädchen, eine Axt im Haus, einen Tischler, der in der Werkstatt die Möbel macht, Wiege und Sarg, Tisch, Bettstatt und Stuhl, und was der Mensch sonst nötig hat, um sich auf der Erde einzurichten!
In unserem Dachstuhl ist ein Balken faul, bessere ihn aus, Zimmermann, mach den Zaun heil, Joseph, heut nacht ist der Wolf in den Pferch eingebrochen! Bin schon da, melde mich zur Stelle, hämmere Nägel ins Holz, schlage schnell ein paar Bretter zusammen, richte den Futtertrog im Stall, die Krippe für das Vieh. Einer ist so gut wie der andere, die Mädchen kommen spät dahinter, aber doch nicht zu spät. Sie brauchen einen, der das Reittier am Zügel führt, der die Kinder in den Schlaf wiegt und das Süpplein kocht, wenn sie in den Wochen liegen. Dein Engel, Maria, kehrt nicht zurück, du wirst seine Stimme nicht mehr hören.

Vielleicht waren die Augen und Ohren der Alten anders gemacht als die unsrigen, vielleicht haben sie mehr gesehen als wir. Kein Wort mehr von den Flügeln, Maria, von den nackten Füßen, von der zum Gruß erhobenen Hand! Kein Licht, das trunken macht, kein Sturm, kein Brausen entfesselter Elemente, sondern das Gegenteil: noch einmal die Stille des ersten Schöpfungstages und der Geist, der über den Wassern schwebt. Kein Auge ist da, um ihn zu erblicken und sich ein falsches Bildnis und Gleichnis von ihm zu machen, der ohne Gestalt ist und nicht im Wolkenschiff über den Himmel fährt wie die pausbäckigen, bärtigen, wohlgenährten Götter der Alten, Windstille, aber es ist niemand da, der wartet auf den Aufbruch des Sturms, Zeitstille, aber es ist niemand da, der wartet auf das Rinnen des Sandes im Stundenglas, auf das Altern und auf den Tod.
Der Geist kommt aus der Fülle, er zeugt, nichts, was er berührt hat, kann unfruchtbar bleiben. Er zeugt Leben, nicht nur im Schoß der Weiber. Auch mich, der ich auf dem Boden meiner Werkstatt hingestreckt lag, zwischen Wiege und Sarg, hat er auferweckt von den Toten. Das gleiche Leben hat er in mir und in dir gezeugt, Maria, es gibt keine Lüge und keinen Verdacht zwischen dir und mir. Wir werden ihn unseren Sohn nennen und wissen, daß er nicht uns, sondern einem anderen gehört. Wir werden mit ihm vor dem Kindertod fliehen, wir werden ihn großziehen und wissen, daß er uns bald verläßt. Wir werden allein bleiben und uns lieben als Mann und Weib, wir werden uns

treu sein. Ein Abglanz von seinem Licht wird die Werkstatt erhellen, in der wir uns zwischen Wiege und Sarg für das Leben einrichten.
Als Joseph am Morgen drauf die Tür seines Hauses aufschloß, waren seine Augen starr und blicklos wie bei einem Blinden. Er erkannte seine Nachbarn nicht mehr. »Er hat wieder geträumt«, sagten sie, »er hat ein Gesicht gehabt.« Da bewegten sich seine Augen, und er sah, was um ihn war: die alte Mauer mit den Flekken und Rissen, das Gitter des Verschlages, die Falten und Runzeln in den Gesichtern der Nachbarn. »Ich hab nicht geträumt«, sagte er mit einer Stimme, die rauh und heiser vom langen Schweigen klang, »von heute an werde ich nie mehr träumen.«

GENO HARTLAUB

Vor Gott geht's göttlich her

Vor Gott geht's göttlich her,
und nicht nach Stand und Würden.
Herodem läßt er leer,
mit seinem ganzen Heer;
und Hirten auf dem Felde bei den Hürden
erwählet er.

Sie saßen da und hüteten im Dunkeln ihre Herde
mit unbefangnem frommen Sinn;
da stand vor ihnen, an der Erde,
der Engel Gottes, und trat zu ihnen hin,
und sie umleuchtete des Herren Klarheit,
und er sagte ihnen die Wahrheit.
Und eilend auf sie standen,
gen Bethlehem zu gehn;
und kamen hin und fanden,
ohn' weiters zu verstehn,
Mirjam und Joseph beide,
und in der Krippen lag zu ihrer großen Freude
in seinem Windelkleide
aus Grummet von der Weide
der Knabe wunderschön.

MATTHIAS CLAUDIUS

Der verhaftete Friedensengel

Als die Engel den Lobgesang über den Feldern von Bethlehem beendet hatten und sich wieder in die unsichtbare Welt zurückzogen, ließ sich einer von ihnen zur Erde sinken. Ihn drängte es, hinter den Hirten her in die Stadt Davids zu gehen und die Sache zu sehen, die geschehen war. Er ahnte nicht, was mit ihm geschehen würde.

Er hüllte sich in die Gestalt eines Menschen, um wie einer von ihnen dabeizusein und das Geheimnis des Friedens mit ihren Sinnen zu sehen, zu hören und zu riechen. Dabei verspätete er sich ein wenig und zog allein des Wegs. Als er in das Tor von Bethlehem trat, wurde er von römischen Soldaten angehalten. Einer von ihnen fragte den unbekannten Einzelgänger nach dem Ausweis. »Meinen Ausweis?« fragte er zurück. »Ich habe keinen und ich brauche keinen, ich weiß, wer ich bin.« Und er richtete sich ein wenig auf, um sie seine verborgene Erhabenheit spüren zu lassen. Aber er fiel schnell wieder zusammen, als fremde Hände in seinen Mantel und seine Taschen fuhren und seinen Leib abtasteten. »Nichts«, sagten die Männer, »keinen Ausweis, keine Waffe, kein Geld.« »Nichts?« fragte der Anführer der Gruppe. »Macht nichts, wir nehmen ihn mit. Er ist verhaftet.«

Er wurde an beiden Armen gepackt und fortgeführt. Das war freilich ein ungewohnter Griff, aber er befremdete ihn nicht allzusehr. Daß Menschen zupakken, während Engel nur leise berühren und führen, wußte er wohl. Er lächelte wissend vor sich hin und war neugierig, wie es weiterginge. Er war in Bethlehem, in der Nähe des Kindes und fürchtete sich vor nichts. Er bedachte nicht, daß die Himmlischen unendliche Geheimnisse kennen, aber in den irdischen Dingen doch nicht so ganz heimisch sind. Er sollte bald mit ihnen vertraut werden.

Im Wachtlokal führten ihn die Soldaten dem Wachtkommandanten vor. Sie berichteten ihm, wo sie ihn angehalten hatten und was ihnen verdächtig vorgekommen war. Der Wachtkommandant faßte ihn ins Auge und begann ein Verhör.

»Wie heißest du?«

Er antwortete: »Ich bin ein Sohn des Friedens.«

Der Kommandant befahl dem Schreiber, der neben ihm stand: »Schreibe: Ben Schalom.«

Dann fragte er: »Woher kommst du?«

Der Engel antwortete: »Ich komme aus dem Reich des Lichts.«

Der andere erwiderte: »Also von Sonnenaufgang?«

Der Engel meinte: »Man kann es auch so sagen« und freute sich schon, daß er recht verstanden wurde. Der Kommandant diktierte: »Schreibe: von Osten.« Dann fuhr er fort: »Du kommst also von jenseits unserer Grenzen?«

Der Engel: »Allerdings, von sehr jenseits eurer Grenzen. Aber was heißt das schon, eure Grenzziehung ist für uns nicht gültig, wir sind überall.«

Der Kommandant nickte erstaunt: »Das ist sehr aufschlußreich. So viel hat noch keiner freiwillig zugegeben. Ihr seid also viele?«
Der Engel erwiderte: »Ja, wir sind sehr viele, aber das wissen nur wenige von euch.«
Darauf der andere: »Wir werden bald mehr darüber wissen«, und dem Schreiber befahl er: »Schreibe: einer von vielen, noch unbekannten feindlichen Kundschaftern aus dem Osten, der unsere Grenzen nicht anerkennt.«
Der Engel protestierte: »Nein, nicht feindlich, um Himmels willen. Von jenseits der Grenzen zu kommen, ist alles andere als feindlich!«
Der Wachtkommandant wies den Protest zurück: »Mir kannst du nichts vormachen. Ich weiß, wer Freund und wer Feind ist. Im übrigen hast du nichts zu erklären, du hast nur zu antworten ... Du bist also geschickt worden?«
Der Engel faßte neuen Mut und stimmte zu: »So ist es. Ich bin ein Bote.«
Der Kommandant griff rasch zu: »Du gibst es zu? Wie lautet dein Auftrag?«
Der Engel wurde verlegen. Ihm wurde bewußt, daß er von sich aus entschieden hatte, auf der Erde zurückzubleiben und menschliche Gestalt anzunehmen. Ein Auftrag war es nicht gewesen. Der andere merkte, wie er zögerte, und fragte nochmals: »Wie lautete dein Auftrag?«
Der Engel antwortete: »Ich sollte mich in der Gegend von Bethlehem einfinden und dort mit Menschen des

Friedens Verbindung aufnehmen. Alles weitere würde sich von selbst ergeben.«
Der Wachtkommandant besann sich eine Weile und sagte dann: »Man scheint dir bei deinem Auftrag große Freiheit zu lassen. Du mußt einer von weit oben sein.« Dem Schreiber befahl er: »Schreibe: Die Gegend um Bethlehem ist Zentrum der feindlichen Tätigkeit. Es werden Spitzenleute eingesetzt.«
Der Engel war freudig verwirrt. »Von weit oben« hatte er gesagt. Merkte dieser mißtrauische Mensch allmählich, mit wem er es zu tun hatte? Er war so in seine Freude versunken, daß er nicht hörte, was diktiert wurde. Er sah auch nicht, daß der Kommandant einem Soldaten etwas befahl und dieser wegging. Er kam erst aus seiner Freude zurück, als die Türe aufging und der Soldat einige Gefangene hereinbrachte. Der Kommandant stellte sie dem Engel gegenüber auf und fragte ihn: »Kennst du diese Männer?« Der Engel schaute sie an und erkannte sie. Es waren Geschöpfe Gottes, die ihm anvertraut worden waren. Er hatte sie zu gewissen Zeiten begleitet und bewahrt. Er nickte: »Ja, ich kenne sie. Ich war ihnen sehr nahe.« Der Vorgesetzte fragte einen nach dem andern: »Kennst du diesen da?« Einer nach dem andern schüttelte den Kopf und sagte: »Nein, ich kenne ihn nicht.« Bevor der Engel noch etwas erwidern konnte, wurden die Gefangenen abgeführt. Der Wachtkommandant trat vor ihn hin und betonte: »Du kennst sie, aber sie kennen dich nicht. Du mußtest sie überwachen, nicht wahr? Bei deiner Stellung habe ich nichts anderes erwartet.«

»Bewacht habe ich sie, nicht überwacht!« korrigierte ihn der Engel. Aber der andere winkte ab und sagte: »Mir brauchst du nichts zu erklären. Ich bin im Bild. Es paßt alles zusammen.« Er griff nach dem Blatt des Schreibers und überflog es. »Du gibst zu: Du bist Ben Schalom, stammst aus einem feindlichen Land im Osten, respektierst unsere Grenzen nicht, bist einer von vielen, die uns auskundschaften, du mußt als Sonderbeauftragter in dieser Gegend Leute für eure Sache gewinnen und bei der Durchführung eurer Pläne überwachen. Das alles genügt mir.«
Der Engel erschrak. So tönte es im Mund eines Irdischen, was er von sich und seinem überirdischen Auftrag erzählt hatte. Er hörte seine eigenen Worte, und doch war alles ganz anders, als er gesagt hatte und als es war. War denn keines seiner Worte recht angekommen? Bekamen bei den Menschen die Worte einen ganz andern Sinn, als sie ursprünglich hatten? Bei den Himmlischen war alles klar, das Wort war geborgen und ruhte in sich und seiner innern Wahrheit, aber hier fiel es wie ein unbeschützter nackter Vogel aus dem Nest und blieb zerquetscht am Boden liegen. Ihm war bekannt, daß bei den Menschen Worte und Taten auseinanderklafften, die im Himmel eins waren, aber daß die Worte selber auseinanderbrechen könnten, darauf war er nicht vorbereitet gewesen. Ihm wurde es unheimlich zumute. Er war dieser mehrdeutigen Welt nicht gewachsen und sehnte sich in die himmlische Klarheit zurück.
Plötzlich erinnerte er sich seiner Verkleidung und at-

mete auf. Er brauchte diese menschliche Gestalt nur abzustreifen, um in seinem Glanz vor ihnen zu stehen und aufzufahren. Vielleicht würden sie vor Freude und Ehrfurcht so überwältigt sein, daß sie das Mißtrauen ihres Wesens und die Zwiespältigkeit ihrer Worte erkennten und abschüttelten. Er sammelte sich, lockerte Beine und Schultern, streckte die Arme aus, um sich aufzuschwingen und – fiel in sich zusammen. Die Arme fielen herunter, die Füße waren erdenschwer, der Leib gehorchte dem Willen nicht mehr. Alle Kraft zog ihn nach unten. Er rief verzweifelt nach oben um Hilfe, aber niemand kam. Statt dessen hörte er eine leise Stimme, die sagte: »Bleibe, wie du bist. Du bist einer von ihnen und mußt es durchstehen wie sie.« Es wurde dunkel vor seinen Augen, und er brach zusammen.

Er kam erst wieder zu sich, als ihn Soldatenhände packten, aufhoben, wegschleppten und auf einen Strohhaufen warfen. »So könnt ihr mich ihnen doch nicht überlassen!« begehrte er nach oben auf. Da hörte er wieder die leise Stimme, die sagte: »Der Friede beginnt heute nacht auf einem Strohhaufen.« Dann fiel er in einen schweren Schlaf.

Er erwachte, als er grob geschüttelt wurde. Er hatte keine Ahnung, wie lange er geschlafen hatte. Er entsann sich nur, irgendwann einmal geträumt zu haben, daß er einen Mann, der neben einer Krippe lag, gedrängt hatte, mit Frau und Kind das Heim zu verlassen und nach Ägypten zu fliehen. »Steh auf, du mußt zum Kommandanten!« befahl ihm ein Soldat,

zerrte ihn hoch und schob ihn vor sich im Dunkeln her.
Es war ein anderer, dem er vorgeführt wurde. Er kannte sich zwar in den irdischen Rängen nicht recht aus, da er stets nur auf die Herzen achtete, aber er spürte sogleich, daß dieser mehr zu befehlen hatte und der Sache tiefer nachging. Auch der Kommandant schien etwas von der verborgenen Bedeutung des Vorgeführten zu ahnen und schaute ihn aufmerksam an. Dann blickte er auf ein Blatt und sagte: »Du bist kein gewöhnlicher Bote. Du bist von oberster Stelle eingesetzt.« Beide nickten einander schweigend zu. Dann fuhr er fort: »Was ist deine Aufgabe?«
Der Engel antwortete: »Ich will dem Frieden dienen. Ich habe keine andere Absicht.«
Der Kommandant erwiderte: »Das tun wir auch. Wir haben auch keine andere Absicht. Wir vertreten überall in der Welt den römischen Frieden. Darin sind wir uns einig. Willst du in unsere Dienste treten? Wir können Leute von deiner Art gut brauchen.«
Der Engel hob abwehrend die Hände: »Ihr vertretet euren Frieden mit Gewalt, mit Soldaten, Schwertern und Lanzen. Das ist nicht meine Sache.«
Der Kommandant antwortete: »Ich weiß, daß du mit andern Mitteln kämpfst. Aber es kommt auf dasselbe heraus. Da, wo du herkommst, gibt es auch Heere und Waffen. Spiel mir nichts vor!«
Er stutzte. Ahnte der andere etwas? Dann erwiderte

er: »Es ist ganz anders, als du meinst. Unsere Heere und Waffen sind von geistiger Art und schaden niemandem.«
Der Kommandant entgegnete unwillig: »Du bist ein Spion und – was noch gefährlicher ist – ein Schwärmer. Du siehst die Wirklichkeit nicht, wie sie ist. Aber wenn du willst, kannst du auch bei uns mit deinen unblutigen Waffen für den Frieden kämpfen.«
Der Engel spürte, wie eine unerwartete Hoffnung in ihm aufkeimte. Er fragte: »Kann ich euren Soldaten den Frieden geben?«
Der Kommandant ging sofort darauf ein: »Warum nicht? Lege ihnen den Frieden in die Seele. Sie haben ihn nötig. In ihren Herzen ist soviel Angst vor dem Tod. Nimm sie ihnen weg und gib ihnen beim Sterben deinen Frieden, das wird für sie eine große Hilfe sein.«
Der Engel fuhr auf: »Aber ich werde ihnen dabei etwas ganz anderes ins Herz legen, als du willst, so daß sie die Waffen niederlegen und einen Frieden begehren, der zum Leben und nicht zum Sterben führt. Das werde ich tun, so wahr ich lebe!«
Der Kommandant erwiderte schroff: »Das wirst du nicht tun. Ich sehe, daß du unser Feind bist und bleibst. So wahr du lebst, du wirst noch in dieser Nacht dein Leben verlieren ... Wegführen!« Noch bevor die Soldaten zugriffen, trat der Engel einen Schritt vor und küßte den Kommandanten auf die Stirne.
Als er wieder auf dem Stroh in der Ecke saß, dachte er

lange über sein bevorstehendes Ende und seinen mißlungenen Friedensweg nach. Noch mehr als das, was mit ihm geschehen sollte, machte ihm bange, daß der Friede den Menschen so unverständlich und fremd blieb. Sie seufzten und schrien zwar nach ihm, aber sobald er unter ihnen zu wirken begann, fürchteten sie ihn. Er machte sie unruhig und unsicher. Lieber verließen sie sich auf ihre hartgetretenen Wege, als sich auf etwas Neues und Werdendes einzulassen. Der Friede war aber doch nicht dazu bestimmt, wie ein schöner Traum über der Erde zu schweben und auf ihr selber nie Fuß zu fassen. Weshalb wurde er den Menschen so schwer gemacht? »Warum steht ihr uns nicht kräftiger bei und treibt das Werk des Friedens unter uns?« begehrte er nach oben auf. Da hörte er wieder die leise Stimme, die sagte: »Es gibt keinen Frieden ohne Leiden und Opfer. Er fällt nicht vom Himmel auf die Erde. Er wirkt nur durch Menschen, die ihn wollen. Du bist einer von ihnen.«
In der letzten Stunde der Nacht führten sie ihn hinaus. Einige Soldaten trugen ein Schwert, andere einen Spaten. Kein Mensch war zu sehen, kein Himmlischer zu spüren. Als sie aus dem Tor hinaustraten, sah er in der Morgendämmerung einen Mann neben einem Esel gehen, auf dem eine Frau mit ihrem Kinde saß. Die Soldaten beachteten sie nicht. Er aber fühlte plötzlich eine seltsame Wärme und eine große Freude und flüsterte vor sich hin: »Nur Mut, es geht weiter. Der Friede ist unterwegs.«
Dann ging alles sehr schnell. Er spürte den Schlag –

und war als Engel des Friedens wieder bei sich. Er stand da und blickte auf die menschliche Hülle, die zu seinen Füßen lag. Er war dankbar für die schmerzliche Erfahrung, die sie ihm in diesen Tagen vermittelt hatte. Niemand nahm ihn wahr. Die Soldaten entfernten sich. Zwei von ihnen blieben mit dem Spaten zurück und hoben ein Grab aus. Er hörte noch zu, wie sie miteinander redeten. Der eine sagte: »Früher habe ich damit meinen Garten umgegraben. Das war eine gute Zeit.« Der andere erwiderte: »Und ich habe damit den Boden ausgehoben, um die Grundmauern für ein Haus zu legen. Damals war ich glücklich.« Dann gruben sie schweigend weiter.

Er aber machte sich auf den Weg, um die kleine Gruppe einzuholen, die in der Morgendämmerung verschwunden war. Einmal wandte er sich noch um und sah im ersten Licht des Tages, wie zwei Männer mit einem Spaten auf der Schulter die Gegend von Bethlehem verließen und, ohne es zu wissen, dem Weg der Frau mit dem Kinde folgten.

WERNER REISER

Friede auf Erden

Da die Hirten ihre Herde
Ließen und des Engels Worte
Trugen durch die niedre Pforte
Zu der Mutter und dem Kind,
Fuhr das himmlische Gesind
Fort im Sternenraum zu singen,
Fuhr der Himmel fort zu klingen:
»Friede, Friede! auf der Erde!«

Seit die Engel so geraten,
O wie viele blut'ge Taten
Hat der Streit auf wildem Pferde,
Der geharnischte, vollbracht!
In wie mancher heil'gen Nacht
Sang der Chor der Geister zagend,
Dringlich flehend, leis verklagend:
»Friede, Friede . . . auf der Erde!«

Doch es ist ein ew'ger Glaube,
Daß der Schwache nicht zum Raube
Jeder frechen Mordgebärde
Werde fallen allezeit:
Etwas wie Gerechtigkeit
Webt und wirkt in Mord und Grauen
Und ein Reich will sich erbauen,
Das den Frieden sucht der Erde.

Mählich wird es sich gestalten,
Seines heil'gen Amtes walten,
Waffen schmieden ohne Fährde,
Flammenschwerter für das Recht,
Und ein königlich Geschlecht
Wird erblühn mit starken Söhnen,
Dessen helle Tuben dröhnen:
Friede, Friede auf der Erde!

CONRAD FERDINAND MEYER

Geboren am 24. Dezember 1945

In jener kalten, dunklen Nacht. In Vicovice. Polanka. Rosnova. Nemece. Oder eine andere tschechische Stadt. Wer weiß heute noch ihren Namen? Das ist lange her.
Aber da war ein Kind. Das ist dort geboren. In seinem Paß muß der Name jener tschechischen Stadt stehen, die es nie gesehen hat. Wo ist dieses Kind geblieben, dessen Mutter gestorben ist, bevor man erfahren hat, woher sie kam? Ein Kind, ein neugeborenes Kind in einem tschechischen Lazarett, zwischen Sterbenden, Schwerverwundeten, Verzweifelten, Hoffenden und: tschechischer Miliz. In Hunger, in Kälte, ein neugeborenes Kind, in jenem ersten Winter, in dem der Krieg zu Ende war. War er wirklich zu Ende?
Und dann starb die Mutter, von der niemand etwas wußte, nur daß sie Maria hieß. Viele Frauen im Osten heißen Maria. Eine junge Mutter, fast noch ein Mädchen, sie hat dort ihr erstes Kind geboren, einen Sohn, und weil es der vierundzwanzigste Dezember war, hatte man ihm den Namen Christian gegeben. Aber nicht nur deshalb. Dieses Kind, von dem niemand je wieder gehört hat, ist für eine Stunde das Kind in der Krippe gewesen, das Heil der Welt.
Von jener Weihnachtsnacht in Vicovice, Rosnova, Nemece erzählen die Männer, die dabeigewesen sind, manchmal ihren Frauen. Jener, der damals ein Hirte

war und heute ein Pfarrer ist, erzählt, wenn er in der Heiligen Nacht seine Ansprache hält, seiner Gemeinde von diesem Kind; und auch der, der nur die Beine des Schafes festgehalten hat, erzählt davon, damals war er Sanitäter, und an jenem Abend war auch er ein Hirte; alle, die noch am Leben sind, es sind nicht mehr viele, suchen insgeheim noch immer nach diesem Kind. In seinem Paß muß der Name jener tschechischen Stadt stehen und das Datum des vierundzwanzigsten Dezember neunzehnhundertfünfundvierzig. Wenn er noch lebt – sagen sie dann nachdenklich zu ihren Frauen, wenn er noch am Leben ist –, was ist aus ihm geworden? Er hat doch eine Stunde in der Krippe gelegen, verstehst du? Und was ist aus dem anderen geworden; dem, der den Hammel festgehalten hat, weißt du, er war Sanitäter, er konnte Tschechisch, er stand sich gut mit denen, er hat immer den Wassermann geprüft, dazu braucht man einen Hammel, aber davon verstehst du nichts. Dieses Tier zwischen uns, das war wichtig, daran erkannte man nämlich, daß wir Hirten waren, die von dem Felde kamen, weißt du, »und hüteten des Nachts ihre Herden«, wir kamen doch aus dem Felde, von überall her kamen wir, es war so ein Sammellazarett. Und dann war da einer, der hat angefangen: Er hat seine Jacke, die innen aus Lammfell war, gegeben, und dahinein hat ein anderer das Kind gelegt. Er war mit dabei, alle waren wir dabei, die Sterbenden und die Schwerverwundeten, die beiden Schwestern, die keine Engel sein wollten, nur zuerst, da hatten sie sich aufgestellt wie Engel. Sie hatten sogar die Haube vom Haar genommen und gelacht, aber dann muß etwas geschehen sein: Sie traten zurück, sie wollten nicht im Vordergrund stehen, zwei Schritte nur, aber alle merkten: Engel waren sie nicht, konnten sie auch nicht werden, auch eine solche Nacht erlöst ein Mädchen nicht. Sie reihten sich zu den Hirten, stellten sich neben den Hammel, und die eine von ihnen hielt die Stallaterne hoch, als die Kerze abgebrannt war. Die junge Mutter Maria weinte; in ihrem Schoß und zu ihren Füßen lagen Brot, ein Stück Speck, eine Decke aus Wolle. Weihrauch, Myrrhe und Gold auch für dieses Kind. Es waren keine Könige, die vor das Kind hintraten, aber sie sahen aus, als seien sie weise geworden. Weise aus dem Morgenland. Sie kamen aus dem Osten, ein unheiliger Stern hatte sie dorthin geführt, wo sie jetzt standen, aber ein guter Stern würde sie bald nach Hause führen. Sie trugen graue wattierte Röcke, einer hatte den Arm in der Schlinge, einer hatte nur noch ein Bein, und ein dritter trug eine Binde vor den zerstörten Augen, er war der Jüngste von ihnen. Der Älteste hatte den Platz neben Maria eingenommen, er hieß Josef, viele heißen so. Er hätte ihr Vater sein können, und er hätte sie wohl auch länger beschützt als nur diese eine Nacht. Er hatte niemanden mehr, der ihn noch brauchte. Er wollte sie mit sich nehmen, sie und das Kind. Der Krieg war zu Ende, man mußte ihn bald entlassen, alt und krank, wie er war. Mit ihr wollte er nach Hause, in ein neues Zuhause.

Sie wußte das noch nicht, er hatte es sich ausgedacht, als er das Kind im Schein der Laterne sah.
Es hat keinen Zuschauer gegeben in jener Nacht. Es war auch kein Spiel gewesen, kein Spiel an der Krippe mit frommen Liedern. Gesungen hatte keiner.
Angefangen hat es mit diesem Kind. Am späten Vormittag hatte man das Weinen gehört, einer hatte es zuerst gehört, hatte die anderen aufmerksam gemacht: Sie horchten. Ein Kind. Ein neugeborenes Kind! Irgendwo im Lazarett, versteckt vor den tschechischen Wachtposten. Also hatte man die Frau doch nicht fortgeschickt. Am Nachmittag trug die Schwester, die jüngere von den beiden, das Kind auf einem Kissen im Arm und lief damit von einem Saal in den anderen und rief: ein Kind! Seht bloß, ein Kind! – Sie war seit drei Jahren im Krieg, seit drei Jahren war sie Krankenschwester, aber sie hatte noch nie ein neugeborenes Kind im Arm getragen. Nur Tote kannte sie. In dem einen Saal hat sie gesagt: Seht! Ein Kind ist uns geboren! – Sie wußte nicht, daß sie mit den Worten des Evangeliums sprach, vielleicht hatte sie die nie gehört. Sie weinte, weil sie erst seit einer Stunde wußte, daß ein Kind Liebe bedeutet und daß alles, was sie von der Liebe wußte, falsch war, weil das Kind die Liebe und die Liebe das Kind ist. Sie weinte und stand zwischen den Betten und hielt den Männern das Kind hin. Keiner hat gelacht. Sie wandten nur die Köpfe weg, zogen die grauen Decken höher, daß man den Atem nicht sah. Dann kam einer von den tschechischen Soldaten und scheuchte die

Schwester aus dem Saal; die aber lächelte und hielt auch ihm das Kind hin, und da ließ er sie vorbeigehen, rührte sie nicht an, was er sonst tat und was sie sonst zuließ.

Es dämmerte früh. Kein Baum, keine Lichter, keine Briefe und kein Paket von zu Hause. Schlimmer als im Krieg. Dann weint das Kind, und niemand weiß nachher mehr, wie das alles gekommen war. Sie heißt Maria, hat einer gesagt, und der hat es dem im nächsten Bett weitergesagt. – Es geht ihr schlecht. – Sie muß wohl sterben. – Da war es schon eine Stunde später, die Suppe war schon ausgeteilt, die Lampe über der Tür brannte, die vergitterte blaue Glühbirne, bei deren Schein man keinen Brief hätte lesen können.

Bald danach waren sie aufgestanden, hatten ihre wattierten Röcke und Mäntel angezogen, einer hatte dem anderen geholfen. Sie hatten das Kind sehen wollen. Sie hatten eine Frau sehen wollen, die ein Kind geboren hat. Jeder hatte seinen Platz bald gefunden: die einen als Hirten, die anderen als Könige, als Josef der eine. Sie hatten auch Witze gemacht, so ganz geheuer war es ihnen nicht. Einer von ihnen hieß nämlich Ochse, und der mußte sich neben den Hammel stellen, den Wassermannhammel. Sie trugen herbei, was sie unter dem Kissen vor den Blicken der Kameraden und dem Zugriff der Wachsoldaten versteckt gehalten hatten. Einer soll noch sein Eisernes Kreuz besessen haben, das hat er auch hingelegt. So etwas geschieht, da lacht keiner. Keiner hat darin das Kreuz gesehen, damals, das Kreuz bei der Krippe. Er hat ja auch nur gegeben, was ihm zu geben am schwersten fiel. Die Soldaten standen in der einen Ecke, die Tschechen, die Feinde, mit ihren Gewehren in der anderen; zuerst stützten sie sich drauf, dann legten sie sie auf den Boden, zu Füßen des Kindes. Die junge Maria lächelte, die Wangen gerötet, die Augen glänzend und das Haar aufgelöst und blond. Sie verstand nichts mehr von alldem, ihr Kind lag warm und beschützt, sie fürchtete sich nicht mehr, sie lächelte im Traum und Fieber.

Hat wirklich einer gesagt: »Friede auf Erden«? – Gehört hatten sie es alle, in dieser Stunde haben sie alle das Heil der Welt erblickt; die Könige, die keine Weisen waren, die Hirten, der Mann, der den blökenden Hammel an den Beinen hielt, daß er stillstand und das Bild nicht störe, und die Schwester, die die Laterne hochhielt, und der Mann, der ein Josef sein wollte, und der, der seine Jacke hergegeben hat, weil er wußte, daß das Kind sie nötiger brauchen würde als er.

In der Weihnachtsnacht, wenn ihre Kinder in den Betten liegen, versuchen die Männer, die damals dabeigewesen sind, in jener kalten, dunklen Nacht in Vicovice, Polanka, Rosnova, Nemece oder wie dieser Ort nun heißen mag, ihren Frauen davon zu erzählen. Und dann fragen die: Wer warst denn du? – Ich? Ich war der mit dem Hammel, sagen sie. – Ich war der Junge, der mit der Binde vor den Augen, weißt du das nicht? Der geführt werden mußte. – Ich war einer von

den Königen aus dem Morgenlande, ich hatte Wein, einen ganzen Krug voll Wein . . .
Wirklich –? fragen die Frauen. Du warst einer von den Königen, den Weisen? – Du warst der mit dem blökenden Hammel? – Du warst jener Josef?
Sie sind ungläubig, sie lachen.
Es ist schwer, diese Geschichte zu erzählen. Von Jahr zu Jahr wird es schwerer.

CHRISTINE BRÜCKNER

Die Heiligen Drei Könige

Ein Mann namens Melchior,
Taxi-Fahrer in der Stadt Warschau,
ruhte von seinem Nachtdienst aus,
als der Engel des Herrn
ihn weckte und sprach:
Verzeih die Störung!
Könige sind knapp geworden,
und die Weisen, die heute so heißen,
gehorchen nicht gern.
Folge dem Stern, den ich dir zeige.

Desgleichen erschien
der Engel Herrn Kaspar,
einem Mann, über dessen Herkunft
nur wenig bekannt war,
traf ihn in Kanada, als er eben
die Baugrube aushob für ein neues Haus –
und wandte sich auch an Herrn Balthasar,
einen Neger von der Westküste Afrikas,
der in London Medizin studierte.

Hart war der Kampf, ehe Herr Melchior
seine Koffer packte und die Stadt verließ;
erbittert, ehe Herr Kaspar
zu graben aufhörte;
verbissen wehrte sich Herr Balthasar,

ehe er seine Bücher zuklappte.
Jeder war König und Herr über Häuser,
die noch gebaut werden sollten.

Sie fuhren unter schwarzem Himmel,
müde, fröstelnd, schneeumweht.
Der Stern, der sie geleitet hatte,
war seit Tagen nicht zu sehen.
Wo fahren wir hin, rief Balthasar,
griff Melchior ins Steuer und sagte:
Die ärmsten Kinder finden wir in Afrika.

Herr Melchior fuhr weiter
auf schneeglatter Straße,
sagte: Weißer Mann weiß, wohin es geht.
Wohin, rief der Mohr, nach Korea?
Und Kaspar mahnte:
Die schäbigsten Hütten sah ich gestern
zwischen Helmstedt und Marienborn,
wo niemand wohnt.

Der Engel des Herrn fuhr nebenher,
erbarmte sich ihrer Uneinigkeit,
lenkte ihre Blicke zum Licht der Welt.
Den Wagen haben sie stehen lassen.
Sie reisen zu Fuß und ein Leben lang,
Herren über Habe, die sie verlassen haben,
folgend dem Stern, der sie gerufen hat.

ARNIM JUHRE

Weit hinaus über Himmel und Erde

ENGEL AN DEN GRENZEN DES LEBENS

Eine Stimme zwischen den Welten

Die junge Frau hatte Tränen in ihren großen, runden Augen, als wir in Jerusalem voneinander Abschied nahmen.

Wir kannten uns schon lange, aber erst jetzt, bei diesem kurzen Frühlingsaufenthalt in der dreimal Heiligen Stadt, hatten wir ganz zueinander gefunden. Zum ersten Male hatte Hella, die aus einer norddeutschen Hansestadt kam, am jüdischen Passah-Mahl, dem Seder-Abend, teilgenommen. Ich durfte ihr Zugänge zu einem symbolischen Ritual vermitteln, das ihr bislang weithin unbekannt war.

Das knüpfte das Band zwischen uns noch fester. Jetzt fühlte sie sich gleichsam aufgenommen in die uralte Bundesgemeinschaft, die sie durch viele Jahre hindurch gesucht hatte. Hella gehörte zu den Menschen des dritten Gottesvolkes. Was ist dieses dritte Gottesvolk? Die ungezählte Schar derjenigen, die in ihrer angestammten Kirche nicht mehr Antwort auf ihre letzten Fragen finden. Sie hatte weite Reisen unternommen, um Wege zum Unendlichen aufzuspüren. So führte sie ihre letzte Reise nach Indien zum Dalai-Lama, der dort im Exil lebt, da seine Heimat Tibet im Banne eines atheistischen Marxismus keinen Boden mehr für ihn bildet. Was hatte sie beim Dalai-Lama gelernt? Vor allem die Kunst der Meditation, jener gegenläufigen Bewegung zu unserem technologischen Zeitalter. Dieses versucht, durch Ätherwellen und Computer Kontakte nicht nur über Länder und Meere, sondern – durch Satelliten – auch mit dem Weltraum herzustellen. Die Meditation aber verbindet ohne jedes technisches Hilfsmittel gleichgestimmte Menschen, wo immer sie sich befinden mögen.

So schlug mir Hella vor, unseren Kontakt nicht abreißen zu lassen. Wir vereinbarten eine Stunde am frühen Nachmittag, in der wir konzentriert aneinander denken wollten, um uns so gegenseitig Botschaften zukommen zu lassen.

Hella war in dieser Kunst bereits geübt, von einem Guru unterwiesen; ich, der um so viel Ältere, blieb der Novize. Sie unterwies mich liebevoll, nahm mich an der Hand, und wir saßen mit geschlossenen Augen schweigend nebeneinander, um in die Tiefen des eigenen Seins zu tauchen und dort dem Du zu begegnen.

Solange sie in blühender Leiblichkeit neben mir verharrte, stellte sich kein Problem dar. Ihre feingliedrige Hand lag in der meinen. Ich spürte die Wärme ihres jungen Körpers und konnte so leicht mein eigenes Fühlen in das ihrige übertragen und Wellen ihrer Persönlichkeit empfangen.

Als wir die Berührung lösten und in einiger Entfernung unser Experiment fortsetzten, dauerte der Kontakt an. Auch in zwei getrennten Räumen versuchten wir das Experiment noch einmal und konnten sogar nachprüfen, welche bestimmten Gedanken oder Vorstellungen, Bilder oder Töne intendiert waren.

Nun ja – das alles ging relativ leicht vonstatten, nun aber sollte die Bewährungsprobe über Tausende von Kilometern hinweg erfolgen – und da stellte sich ein ganz merkwürdiges, nicht vorhergesehenes Phänomen ein.

Wie vereinbart, entspannte ich mich vor meiner täglichen Siesta und versuchte, Hellas Bild vor meine geschlossenen Augen zu stellen. Es gelang mir nicht.

Nach mehrfacher Wiederholung stieg immer wieder vor meinem Blick eine ganz andere Gestalt auf, deutlich in ihren Konturen und schließlich auch akustisch vernehmbar.

Es war mein alter Schulfreund Franz Gottschalk, der sich nun ungerufen meldete. Er sah mich mit seinem zwinkernden Blick an, der durch ein nervöses Augenleiden hervorgerufen wurde, dem er zeitweilig durch ein Monokel zu wehren versuchte. Der etwas schüttere Bart des gealterten Mannes war in der Vision gebleichter, als ich ihn noch vor einigen Monaten in Süddeutschland gesehen hatte.

Die Vision wich erst, wenn ich in Schlaf versank, griff nicht über in meine Träume.

Aber im hellen Wachzustand war Franz Gottschalk wieder anwesend.

Wenn ich irgendein Wort zu mir selbst sagte – und wer täte das nicht, einen Ausruf des Erstaunens, der Beglückung oder des Ärgers – so sprach die Stimme Gottschalks aus meinem Munde.

Die Art, wie er letzte Silben zu betonen pflegte, die

mir selbst ganz ungewohnt ist, verwandelte immer wieder mein eigenes Melos in das des Freundes.
Das beunruhigte mich, denn ich hatte das Gefühl, daß der Freund in eine Not geraten sei, mit mir sprechen wolle und sich daher in ungerufenem Rapport mehrmals meldete.
Noch vor wenigen Monaten hatte ich Franz Gottschalk in unserer gemeinsamen Heimatstadt besucht. Er war allein, denn seine junge Frau befand sich zu einem Studienaufenthalt in Paris. Franz wirkte auf mich etwas bedrückt; offenbar war er von einem tiefen Ekel gegenüber seiner Umwelt ergriffen. Alles beurteilte er negativ, die Politik und das Kulturleben, die Menschen seiner Umgebung und die Weltereignisse. Er war immer kritisch und wählerisch, was zugleich seine Stärke bildete, da er als Innenarchitekt und Organisator von Ausstellungen durch dieses wählerische Grundprinzip seines Lebens hervorragende Leistungen erzielte.
Ingrid, seine junge Frau, half ihm bei der Arbeit. Ich führte die Verstimmung meines Freundes auf die fehlende, helfende Hand seiner Gefährtin zurück.
Als ich einige Male die ungerufene Vision dieses Mannes erlebt hatte, schrieb ich ihm, etwas zögernd, einen Brief: »Lieber Franz, auf die Gefahr hin, daß Du an meinem Verstand zweifelst, schreibe ich Dir diese Zeilen: Eine junge Frau in Hamburg wollte zu einer bestimmten Stunde am Tage einen telepathischen Rapport mit mir herstellen, aber merkwürdigerweise trittst Du immer vor mein geistiges Auge. Das beun-

ruhigt mich, und ich frage mich, ob bei Dir etwas nicht in Ordnung ist?
Ich hoffe, daß sich das alles nur als Hirngespinst herausstellt. Erfahrungen aus früheren Zeiten stimmen mich aber nachdenklich.
Ich erhole mich nun etwas von der Deutschlandreise, obwohl schon wieder neue ins Haus stehen. Der Jerusalemer Sommer ist wunderbar, was man von der politischen Situation nicht sagen kann. Aber das weißt Du ja aus der Presse ... Ich hoffe, daß Ingrid aus Paris gesund zurückgekehrt ist und bleibe mit herzlichen Grüßen Dein alter Schalom. Jerusalem, 12. August 1984.«
Auf diesen Brief bekam ich keine Antwort. Wenige Wochen später war ich wieder in unserer Heimatstadt. Ich rief mehrmals bei Franz Gottschalk an, aber es meldete sich niemand am Telefon. Das beunruhigte mich nicht weiter, da ich zunächst annehmen mußte, daß Franz nun seinerseits nach Paris gefahren sei, um dort mit Ingrid zusammenzutreffen. Paris war immer seine große Liebe. Jährlich fuhr er im Sommer oder im Herbst in die französische Metropole. Dort schien ihm alles besser, schöner und beschwingter als in der eigenen Umgebung.
Anfang Oktober aber traf ein Brief von Ingrid ein: »Franz ist tot. Er hat es so beschlossen. Konsequent wie sein Leben war auch sein letzter Schritt. Wer ihn kannte, konnte es ahnen, verhindern konnte es keiner. Ich muß neu anfangen. Das hat er so gesehen und gewollt. Er wird mich begleiten ...«
Es läßt sich denken, wie hart, aber nicht überraschend

mich diese kurze Mitteilung traf. Meine düstersten Ahnungen waren übertroffen.
Ich schrieb umgehend an Ingrid.
». . . Die Nachricht vom Freitod meines lieben alten Freundes hat mich in zweierlei Weise getroffen: die traurige Tatsache an sich, aber auch der merkwürdige Rapport, über den ich ihm am 12. August geschrieben habe. Hast Du diesen Brief gesehen? Ich habe damals meiner tiefen Besorgnis um ihn Ausdruck gegeben und keine Antwort erhalten. In der Zeit vom 14. bis 18. September war ich wieder zu einem kurzen Aufenthalt in unserer gemeinsamen Heimatstadt und habe mehrmals bei Euch angerufen, ohne Antwort zu bekommen, was meine Besorgnis steigerte. Ich nahm aber an, daß Franz wieder einmal in Paris sein könnte, und so drängte ich diese Bedenken zurück.
Bitte schreibe mir nun doch möglichst umgehend, wann Franz seinem Leben ein Ende gesetzt hat. Das Datum würde mich in diesem Zusammenhang doch sehr interessieren. Natürlich möchte ich auch etwas über die Motive und die Form dieses Abschiedes vom Leben wissen . . . Sollte eine Art Lebensekel zu der Tat geführt haben, oder lagen noch ganz andere Gründe vor? . . .«
Erst im November konnte mir Ingrid die näheren Umstände mitteilen:
». . . Ich habe Deinen Brief an Franz gefunden, *nachdem* ich die traurige Nachricht an Dich abgeschickt hatte. Wie merkwürdig. Franz hatte am Rande vermerkt: ›Nicht schlecht.‹

Er hatte mir vor einem Jahr etwa gesagt, daß eine Ausstellung für seinen verstorbenen libanesischen Malerfreund das letzte Sinnvolle sei, was er tun könne und wolle. Ich hatte das längst vergessen. Er hat die Ausstellung gehängt, ist nach Hause gefahren und hat seinem Leben ein Ende gesetzt. Eine Überdosis von Tabletten sollte ihn in den ewigen Schlaf geleiten. Es war der 23. September. Ich kam am Tag darauf von einem Besuch bei meiner Schwester zurück. Das Ausmaß seines Überdrusses konnte ich nicht ahnen. Er hat mir Notizen und einen Brief hinterlassen.
Der Schritt war lange und gut geplant . . . Wenn dieser Herbst nun der richtige Zeitpunkt für ihn war, müssen wir das akzeptieren.«
Aus Ingrids Briefen formte sich nun das Bild des bedrängten Freundes, der offenbar in den Wochen und Tagen des schweren Entschlusses sich nach einem Gespräch mit mir gesehnt hatte. Er brachte wohl nicht mehr die Kraft zu einem Brief oder einem Telefongespräch auf. Vielleicht wollte er auch gar nicht das letztlich Unsagbare in Worte kleiden.
Wie dem auch sei, sein Bild schwand aus meiner Vorstellung und seine Stimme erlosch, als ich Ingrids Briefe in Händen hatte.
Und doch meldete er sich noch einmal in einem seltsamen Traum. Es war nicht mehr der gealterte Mann mit dem zwinkernden Blick und dem ergrauten Bart, es war der schöne Knabe unserer gemeinsamen Schuljahre.
Der schöne Knabe – er hieß bei uns nur »der schöne

Franz«, denn seine Erscheinung war ungewöhnlich. In unserer Schulzeit herrschte noch die strenge Trennung der Geschlechter, so daß wir nur eine Bubenklasse füllten. Wer hätte da auf die Schönheit von Klassenkameraden geachtet? Sicherlich gehörte das nicht zu den rauhen Umgangsformen unserer Rotte. Franz aber war von so auffallender Anmut, daß dies nicht verborgen oder unbemerkt bleiben konnte.
Als ich ihm Mitte der dreißiger Jahre wieder begegnete, nannte ich ihn heimlich Dorian Gray. An das bezaubernde Bildnis der nicht verwelkenden Schönheit erinnerte seine Gestalt und hob mir die Verse Stefan Georges ins Gedächtnis:

Gemahnt dich noch das schöne bildnis dessen
Der nach den schluchten-rosen kühn gehascht
Der über seiner jagd den tag vergessen
Der von der dolden vollem sein genascht?

Der nach dem parke sich zur ruhe wandte
Trieb ihn ein flügelschillern allzuweit
Der sinnend saß an jenes weihers kante
Und lauschte in die tiefe heimlichkeit . . .

Ich verband diese Worte des Dichters mit einer ganz bestimmten Stelle im Englischen Garten in der Stadt unserer Jugend, einer Marmorbank am Ufer eines künstlichen Teichs, auf dem Wasserrosen schwammen. Dort traf ich Franz einmal an einem Ferientag im Sommer, und diese Begegnung stand unverrückbar in meiner Erinnerung.

Das Wiedersehen war merkwürdig genug. Im kleinen Laden eines Rahmenmachers in Jerusalem begegneten wir einander. Franz kontrastierte in geradezu grotesker Weise von dem Inhaber des Ladens, der sich durch ungewöhnliche Häßlichkeit auszeichnete; so häßlich, daß es schon in eine Art von skurriler Schönheit umschlug.
Neben diesem Zerrbild leuchtete der blonde Franz engelsgleich in dem dunklen Gewölbe auf.
Ich sah ihn forschend an, er aber lächelte nur. Ich fragte vorsichtig nach dem Namen meines Gegenübers. »Du brauchst gar nicht zu fragen«, sagte er, und die versunkenen Jahre der Kindheit stiegen wiederum auf.
Nie hätte ich Franz in Jerusalem erwartet. Mich hatte der böse Wind, der durch unsere Heimat fegte, in die Stadt meiner Urväter getrieben. Aber ihn? Jetzt stellte es sich heraus, daß auch er bei den neuen Machthabern in Mißkredit geraten war. Sein Vater gehörte dem verfemten Volke an. Das hatte ich nie geahnt, denn in unserer Schulklasse gab es nur eine Unterscheidung nach Konfessionen, und dies allein hinsichtlich des Religionsunterrichtes, der getrennt erteilt wurde.
Franz war heimatloser als ich. Er gehörte nirgends hin, und so war es das Gebot der Stunde, daß er bei mir Unterschlupf fand. In einem kleinen Stübchen unterhalb meiner Wohnung fand er Zuflucht, bis ihn der Weg weiterführte nach Beirut, wo er glückliche Jahre verbrachte, bis ihm die Heimkehr in die Herkunft möglich wurde.

In der Stadt unserer Jugend sahen wir uns immer wieder, so oft mich der Weg dorthin führte – und das war nicht selten. Franz lebte mit seiner Freundin, die um ein Menschenalter jünger war als er. Schließlich wollten sie doch diese Lebensgemeinschaft legalisieren – und so wurde ich Trauzeuge ihres Bundes, was ich als Auszeichnung von Vertrauen und Freundschaft empfand.

Die Ungleichheit von Braut und Bräutigam war offenbar. Franz hätte Ingrids Vater sein können. Welcher alternde Mann wünschte sich nicht solche Verbindung? Ihm war sie gewährt. Ein Licht der Gnade fiel auf seinen Sonnenuntergang.

Er aber wollte dieses Licht nicht festhalten, wollte nicht, daß es mit ihm in der unvermeidlichen Nacht verlösche.

SCHALOM BEN-CHORIN

Vom toten Kaufmann, der seine Seele vergaß

Der Kaufmann Hagedorn war gestorben, und als er ans Himmelstor klopfte, forschte man nicht nach seinem Namen, auch nicht nach seinem Reichtum, nur nach seiner Seele.

»Seele?« sagte der Kaufmann und fing an, in den Rocktaschen zu kramen, sah auch in der Geldbörse nach, doch er fand nur ein paar quittierte Rechnungen, Pfennige und Briefmarken – von der Seele keine Spur.

Da wurde er unruhig. Es fehlte ja gerade noch, daß er bei seinen vielen Reichtümern, den Häusern, Kaufläden, Möbeln, Bildern, Büchern, Würsten und Weinfässern nicht auch etwas so Unscheinbares wie eine Seele besessen haben sollte. »Ist das so wichtig?« fragte er.

Der Engel Gabriel nickte und blickte ihn ernsthaft an. Da kam dem Kaufmann der Gedanke, es möchte wohl das beste sein, wenn er noch mal zur Erde zurückkehrte, um seine Seele zu suchen.

»Tu das«, sagte der Engel und gab ihm Urlaub für eine Nacht.

Der Kaufmann machte sich sogleich auf den Weg. Zuerst ging er durch die wohlbekannten Straßen seinem Haus zu, das groß und dunkel in den mondhellen Garten ragte. Alle Fensterläden waren geschlossen, die Türen fest verriegelt. Der Kaufmann drückte den Klingelknopf, niemand hörte. Da besann er sich, daß die Schustersfamilie Wittich im Hinterhäuschen wohnte, ging um die steinerne Bildsäule herum und klopfte ans Fenster. Der Schuster fuhr aus dem Bett und streckte den grauen Kopf heraus.

»Mach auf, Schuster«, rief der Tote, »ich bin's, der Kaufmann Hagedorn. Ich habe eine Nacht Urlaub und will meine Seele holen, die ich im Haus vergaß.«

Der Schuster erschrak, weckte die Frau, und sie beratschlagten, was zu tun sei. Indessen erwachten auch die sieben Kinder und fingen an zu weinen und zu schreien.

»Was ist mit deinen Kindern?« fragte der Tote und blickte zur Kammer hinein.

»Der Hunger zwickt sie, gnädiger Herr, der Hunger tut weh.« Der Schuster nahm einen großen Schlüsselbund von der Wand.

»Warum gibst du den Kindern nichts zu essen?« fragte der Tote weiter.

»Habe nur ein paar Pfennige im Haus«, sagte der Schuster, »und das Brot ist teuer.«

Da dachte der tote Kaufmann daran, wie er im Vorderhaus bei Wein und Braten gelebt hatte und wie leicht es doch für ihn gewesen wäre, die Kinder des Schusters satt zu machen. »Komm«, sagte er, »wir wollen die Wohnung durchsuchen.«

Er ging voraus, und der Schuster, der eine brennende Kerze trug, folgte ihm treppauf, treppab durch die vielen prächtigen Gemächer. Alles stand noch am alten Platz: die blitzenden Spiegel, die kostbaren Mö-

belstücke, die samtenen Sofas und gepolsterten Sessel; selbst die Standuhr machte noch ticktack wie zu des Kaufmanns Lebzeiten. Aber von der Seele fanden sie nichts, auch im Keller nicht, wo die Stückfässer voll Weines nebeneinander lagen, auch in den Vorratskammern nicht, wo es wunderbar nach geräucherten Würsten und Schinken roch. Doch für dies alles hatte der Kaufmann jetzt keinen Sinn. Er schloß den Schreibtisch auf, durchstöberte alle Fächer, blickte auch in die eiserne Geldkassette und wühlte die Taler und Gulden durcheinander. Zuletzt fragte er den Schuster, ob der vielleicht seine Seele irgendwo habe liegen sehen. Wittich schüttelte den grauen Kopf und seufzte: »Nein, gnädiger Herr, so etwas haben wahrscheinlich nur die vornehmen Leute. Ich muß zusehen, wie ich meine Kinder satt kriege.«
Der tote Kaufmann stand wortlos dabei und sah den Schuster an, neben dem er fünfundzwanzig Jahre gewohnt hatte, und sein Geiz drückte ihn sehr. Er fühlte plötzlich etwas Unbekanntes in seinem Herzen brennen und wunderte sich, weil sein Herz schon längst tot war. Rasch holte er eine Handvoll Taler aus der Kassette, gab sie dem Schuster und sagte: »Kauf deinen Kindern Brot und mach sie satt.« Der Schuster weinte vor Dank und Freude, schüttelte dem Kaufmann die kalte Hand und sagte, das wolle er ihm gedenken.
Vom Kirchturm schlug es Mitternacht; der Mond ging hinter den Bergen unter. Ich muß mich beeilen, dachte der Tote. Seine Gedanken schweiften in die

Vergangenheit, da er ein junger Mann voll Hoffnung und Lebenslust war, und er erinnerte sich an seine Braut, die er viele Jahre geliebt und die er dann verlassen hatte. Ob sie noch in dem kleinen, weinlaubumrankten Häuschen wohnte wie damals?
Der Kaufmann eilte durch die Gassen und Gäßchen, die ihm vor Zeiten so vertraut gewesen, und pochte endlich an dem Häuschen an. Da öffnete sich ein kleines Fenster, ein weißhaariges Mütterchen blickte daraus hervor, und eine matte Stimme fragte: »Wer ist da?«
Der tote Kaufmann sagte: »Ich bin's, dein Bräutigam –«, denn er hatte sie sogleich erkannt, wenn auch viele Jahre darüber hingegangen waren; aber die Toten haben scharfe Augen.
Die Braut wollte es nicht glauben, daß dies ihr Bräutigam Hagedorn sei; der sei ein alter Mann, sagte sie, und kürzlich gestorben, wie sie gehört habe.
»Doch, liebe Braut, ich bin es«, beharrte der Tote. »Eine Nacht habe ich Urlaub, um meine Seele zu suchen, die ich vergaß. Nun komme ich zu dir. Vielleicht kannst du mir sagen, wo ich sie finde.«
Die Braut schüttelte den Kopf. »Deine Seele?« sagte sie. »Vor vielen Jahren habe ich deine Seele gesehen. Aber seit du mich verließest, ist auch deine Seele fort, und ich würde sie heute nicht mehr erkennen.«
Da bat der tote Kaufmann, sie möge ihn doch für einen Augenblick hineinschauen lassen; vielleicht sei die Seele noch im Zimmer versteckt und er selber könne sie entdecken.

Die Braut brannte eine Lampe an und ließ den toten Bräutigam hereinblicken. Da stand noch das alte Sofa in der Ecke, auf dem sie so oft nebeneinandergesessen. Auch die Kommode war noch da, der Spiegel und das Nähtischchen. Alles erkannte der Kaufmann, und es wurde ihm abermals so seltsam zumute, daß er glaubte, sein Herz klopfen zu hören. Aber das war ja tot, wie er wohl wußte. Und so fragte er nur, was in den Töpfen und Krügen aufbewahrt sei, die an der Wand standen und die er früher nicht bemerkt hatte.
»Das sind die Tränen«, sagte die Braut, »die ich um dich geweint habe.«
Da begann des Kaufmanns Hand zu zittern. »Vergib mir«, flüsterte er. Die Braut nickte, blickte ihn wehmütig an und schloß das Fenster.
Vom Kirchturm schlug es drei; ein Hahn krähte in der Nachbarschaft. Dem Kaufmann wurde es elend zumute, wenn er an sein armseliges Leben dachte. Da fiel ihm ein, daß er stets zu seiner Mutter gegangen war, wenn es ihm schwer ums Herz wurde, und die hatte seine Hand genommen und gesagt: »Mein lieber, guter Junge.« Damals hatte er wohl seine Seele noch gehabt – aber wer konnte das wissen? Er machte sich auf, klomm den Kirchberg empor und bog in den Friedhof ein. Lange suchte er, bis er das Grab fand, denn er hatte es seit Jahren nicht besucht. Als er es endlich gefunden, hockte er sich neben den Grabstein und schluchzte bitterlich. Es war ihm, als hörte er wieder seiner Mutter Stimme, und sein Herz klopfte laut, wo er doch wußte, daß es tot war.

Er beugte sich über den Erdhügel, rupfte mit den Händen das Unkraut heraus und rückte den kleinen Grabstein gerade. Nach seiner Seele zu fragen, getraute er sich nicht, denn er wußte jetzt genau, was für ein verworfener Mensch er geworden war. So blickte er noch einmal auf das Grab der Mutter zurück, und da es vom Kirchturm vier schlug und hinter den Bergen die Sonne emporschoß, kehrte er gebückt und langsam zur Himmelstür zurück. Dort stand schon der Engel Gabriel und wartete auf ihn. »Ich habe meine Seele nicht gefunden«, sagte der Kaufmann traurig, »und zur Reue ist es zu spät.«
»Zur Reue ist es nie zu spät«, antwortete Gabriel.
Da sah der tote Kaufmann neben sich einen hellen Schein aufleuchten. »Was ist das?« fragte er zitternd.
»Das ist deine Seele«, antwortete Gabriel.
»Meine Seele?« stammelte der Kaufmann ungläubig.
Der Engel aber neigte sich dem Kaufmann zu und sagte: »Der Dank eines armen Schusters, die Tränen einer alten Braut und die Liebe einer guten Mutter – die haben deine Seele gefunden.« Und er öffnete das Tor, damit der tote Kaufmann, der noch immer gebückt und zaghaft war, eintreten konnte.

RUDOLF OTTO WIEMER

Den Boten sei Dank

Den Boten sei Dank,
daß sie die Nachricht nicht
für sich behielten;
was alle betrifft
blieb nicht geheim.

Den Hirten sei Dank,
daß sie der Botschaft nicht
den Rücken kehrten;
daß ihre Wißbegier
größer war als ihre Furcht.

Den Reisenden Dank,
daß sie den Zweck
der Reise nicht verschwiegen.
Zum Glück für uns.
So nahmen wir teil.

Den Eltern sei Dank,
weil sie der sonderbaren
Offenbarung still entsprachen,
sich finden ließen
im Stall – im Stall.

Der Eselin Dank,
weil sie retten half,
unwissend barg für alle Zeit
das Brot des Lebens,
den Becher des Heils.

Dem Menschensohn Dank,
weil er nicht floh,
als alle seine Freunde schliefen,
weil er den Tod
wie ein Sterblicher litt:

Daß er aufstand für uns.

ARNIM JUHRE

Die Lebensboten Gottes

Von Ostern erzählen mehrere Geschichten in den Evangelien. Eine konzentriert sich dabei ganz auf die Erfahrungen einer Frau, der Maria aus Magdala, Maria Magdalena. Sie hatte am Ostermorgen das Grab Jesu besucht und anders vorgefunden als erwartet. Der Stein, der es verschlossen hatte, war weggenommen. Und dann geht die Geschichte der Maria aus Magdala folgendermaßen weiter:

»Maria aber stand außen bei der Gruft und weinte. Wie sie nun weinte, beugte sie sich in die Gruft hinein; da sieht sie zwei Engel in weißen Kleidern dasitzen, den einen beim Haupte und den anderen bei den Füßen, da, wo der Leib Jesu gelegen hatte. Und die sagten zu ihr: Weib, was weinst du? Sie sagt zu ihnen: Sie haben meinen Herrn hinweggenommen, und ich weiß nicht, wo sie ihn hingelegt haben. Als sie dies gesagt hatte, wandte sie sich um. Und sie sah Jesus dastehen und wußte nicht, daß es Jesus war. Jesus sagte zu ihr: Weib, was weinst du? Wen suchst du? Jene, in der Meinung, es sei der Gärtner, sagt zu ihm: Herr, hast du ihn weggetragen, so sage mir, wo du ihn hingelegt hast, und ich will ihn holen. Jesus sagt zu ihr: Maria! Da wendet sich diese um und sagt zu ihm auf hebräisch: Rabbuni!, das heißt: Meister! Jesus sagt zu ihr: Rühre mich nicht an; denn ich bin noch nicht zum Vater aufgefahren. Geh aber zu meinen

Brüdern und sage ihnen: Ich fahre auf zu meinem Vater und eurem Vater und zu meinem Gott und eurem Gott. Maria aus Magdala geht und verkündigt den Jüngern, daß sie den Herrn gesehen und daß er dies zu ihr gesagt habe« (Johannes 20,11–18).
Diese Geschichte ist eine Einführung in das Geheimnis von Ostern. In die Wirklichkeit von Auferstehung. Die Ostergeschichten erzählen von dieser Wirklichkeit, die noch anders, wesentlich anders ist als die uns vertraute. In sie muß darum auch behutsam und Schritt für Schritt eingeführt werden, sonst bleibt sie uns verschlossen. Ein Geheimnis erschließt sich immer nur dem, der bereit ist, sich darauf einzulassen.

Wir kennen die alte Tradition des Kreuzwegs: Man ging an einzelnen Stationen, die Darstellungen der Leidensgeschichte Jesu enthielten, vorbei bis zum Kreuz. Der äußere Weg an den Kreuzwegstationen entlang war dann zugleich ein innerer Weg ins Geheimnis der Passion Jesu hinein. Das erfolgte durch Meditation, durchs Gebet, durch einen Vorgang der äußeren und inneren Annäherung an das Wesentliche. Was bei dieser Übung richtig und wichtig war: Man kann das Geheimnis der Passion Jesu nicht unmittelbar erfassen – also ohne jede Art der Vorbereitung – auf Knopfdruck sozusagen. Es braucht vielmehr einen Weg dazu und Stationen der Wahrnehmung.
Diese Ostergeschichte hier, die von Maria aus Mag-

dala erzählt, verläuft ganz ähnlich. Nach den Kreuzwegstationen kommen gleichsam die Osterwegstationen. Man begreift eben nicht sofort, was der Tod Jesu zu bedeuten hat. Man begreift aber auch nicht sofort, was die Auferstehung Jesu bedeutet. Man muß sich einlassen auf einen Weg, und wenn das gelingt, dann führt dieser Weg Schritt für Schritt tiefer hinein in das Geheimnis von Ostern.

Der erste Schritt der Maria in dieser Geschichte ist – paradoxerweise und doch bezeichnend – im Grunde gar kein Schritt nach vorn, sondern ein Stehenbleiben: »Maria aber stand außen bei der Gruft und weinte.« An der Stelle, wo sie da steht, geht es offenbar nicht weiter. Und darum weint sie auch. Das Weinen überkommt uns immer an den Stellen, wo es anscheinend nicht weitergeht; wo Brüche und Abbrüche des Lebens sind – Wände und Gräber.

Aber da ist nun noch eine Kleinigkeit. Eine Kleinigkeit im Text, aber etwas Wichtiges in der Abfolge der Osterwegstationen. Denn da heißt es: »Maria stand *außen* bei der Gruft.« Sie blieb außen stehen. Und solange sie da bleibt, solange geht es auch wirklich nicht weiter am Grab und mit ihrer Erfahrung von Tod und Trauer und Endgültigkeit. Solange muß dann auch ihr Weinen weitergehen.

Wie häufig geschieht das, daß wir außen stehen bleiben und uns nicht wirklich hineinbegeben in eine Sache, in eine Erfahrung, in einen Menschen. Es gibt Leute, die scheuen sich zum Beispiel, in ein Krankenhaus hineinzugehen. Sie haben das Gefühl, nicht verkraften zu können, was ihnen da begegnet. Sie bleiben dann lieber draußen. Warum? Weil sie ahnen, daß drinnen etwas mit ihnen geschehen könnte, das sie nicht vorgesehen haben. Es könnte passieren, daß sie nicht einfach so bleiben, wie sie jetzt sind. Und deshalb nehmen sie das höchstens von außen wahr: aus Scheu und aus Mangel an Kraft hineinzugehen.

So steht Maria zunächst einmal da: außen vor der Gruft und weinend. Es geht anscheinend nicht weiter. Und sie selbst kann anscheinend nicht weiter.

Aber dann tut sie doch den nächsten Schritt. Es wird nicht gesagt, woher ihr die Kraft kommt dazu, aber sie tut ihn. Sie beugt sich in die Gruft hinein. Das ist der entscheidende Schritt von außen nach innen. Von außen betrachtet, hat das Grab und hat der Tod überhaupt nichts Geheimnisvolles an sich. Sie sind vielmehr auf eine furchtbare Weise nichtssagend und banal. Der Tod ist stumm, und ein Grab ist ohne Leben. Und solange wir beides von außen und nur von außen betrachten, wird sich an diesem Eindruck nichts ändern. Die Endgültigkeit des Todes – das ist das Dogma derer, die es gewohnt sind, alles immer nur von außen zu sehen. Sie können auch die Wirklichkeit des Todes nur von außen sehen. Und wenn sie dann von der Auferstehung Jesu hören, dann zucken sie mit den Achseln und verkneifen sich selten ein Lächeln und verlangen Beweise. Und bleiben so haargenau dabei, alles nur von außen ansehen zu wollen. Denn Beweise sind ja gerade das Instrument und die Rechtfertigung dafür, alles nur von außen anzusehen.

Maria in unserer Geschichte vollzieht aber den Schritt von außen nach innen. Und innen entdeckt sie mehr und anderes als das Dunkle und Tote, so erzählt die Geschichte, innen entdeckt sie zwei Engel in weißen Kleidern.
Muß man sich über Engel verständigen? Was daran wahr und wirklich und was phantastisch und märchenhaft ist? Klar jedenfalls sollte sein: Man kann Engel nicht einfach von außen betrachten wie Gegenstände oder Lebewesen der sichtbaren Welt. Die Existenz von Engeln ist darum auch nicht beweisbar, weil alles Beweisbare eine Betrachtung von außen verlangt. Maria Magdalena entdeckt die Engel ja auch nicht, solange sie außen vor der Gruft bleibt. Sie entdeckt die Wirklichkeit der Engel auf dem Weg nach innen.
Und nun ist es interessant zu beobachten, wo überhaupt in den Evangelien von Engeln erzählt wird. Denn das geschieht nur an zwei Stellen: bei den Geschichten um die Geburt Jesu und bei den Geschichten um die Auferstehung Jesu. Engel erscheinen also dort, wo es um Geburt und neues Leben geht. Man könnte sagen: Sie sind wie Lebensboten Gottes. Darum werden sie in der Geschichte auch in weißen Kleidern vorgestellt: Sie sind Gestalten, und sie sind Wirklichkeit aus Licht – und das mitten in der Grabesdunkelheit. Wo Engel erscheinen, da wird es im Innersten licht und hell. Engel sind darum Sendboten des Morgens nach einer schwarzen Nacht. Sie vertreten das Geheimnis des Lebens –

mitten in der Behausung des Todes, wo anscheinend nichts weitergeht.
Und dann reden die Engel. Sie wenden sich an Maria und fragen: »Was weinst du?« Man könnte diese Frage als ziemlich taktlos empfinden. Einen wirklich trauernden Menschen, der mit der Erfahrung von Abschied, von Trennung, von Alleingelassensein nicht fertig wird, einfach zu fragen, warum er weine – das kann sogar sehr taktlos sein. Es kann zeigen, wie wenig man sich in die Lage des Trauernden hineinversetzt hat.
Die Frage der Engel (und man beachte, daß der auferstandene Christus nachher wörtlich noch einmal dieselbe Frage an Maria richtet), die Frage der Engel also hat eine andere Funktion. Sie soll die weinende Maria weiterbringen. Weinen überkommt uns dann, wenn es anscheinend nicht weitergeht. Die Frage der Engel will jetzt nicht das Weinen verbieten. Das wäre töricht und taktlos. Sie will eher dem Weinen auf den Grund kommen. Und dem Weinen auf den Grund kommen, das ist wahrscheinlich der erste Schritt, über das Weinen auch hinauszukommen.
Kommt also Maria ihrem Weinen auf den Grund? Zunächst keineswegs. Sie sagt, sie suche nach dem Leichnam ihres Herrn, den habe man offensichtlich weggetragen, und sie wisse nicht, wo er nun sei. Eine merkwürdige Auskunft. Maria sagt ja nicht, daß sie um den Tod ihres Herrn trauere, sondern um seinen irgendwie verlorengegangenen Leichnam. Das zeigt: Sie ist ihrem Weinen noch nicht wirklich auf den

Grund gekommen. Sie beschäftigt sich in Gedanken mit etwas ganz Äußerlichem: dem Verbleib des Toten. Ihre Seele ist da offenbar weiter, als ihre Gedanken es sind. Denn ihre Seele trauert, während ihre Gedanken beschäftigt bleiben mit dem, was sie jetzt vielleicht noch tun und regeln und in Ordnung bringen könnte, zum Beispiel den abhanden gekommenen Leichnam wieder herbeischaffen. Maria ist noch nicht so weit, daß sie erkennt: Es ist jetzt nicht wichtig, was ich noch tun kann; sondern es ist wichtig, was mit mir geschieht. – Die Entdeckung von Ostern; die Erfahrung von Auferstehung wird erst dann reif, wenn erkannt wird: Hier geschieht etwas mit mir. Hier geschieht etwas mit mir, das mich zutiefst betrifft und das mich verwandelt.
Und dann erzählt diese Ostergeschichte, was mit Maria aus Magdala geschieht und wie sie sich wandelt. »Als sie dies gesagt hatte«, heißt es, »wandte sie sich um.« Dieses Umwenden ist ja in dieser Geschichte viel mehr als eine Körperbewegung. Maria vollzieht hier nämlich einen weiteren Schritt auf ihrem Osterweg. Indem sie sich umwendet, wendet sie sich ja vom Grab und vom Tod und von ihrem Fixiertsein auf den Leichnam des Toten weg. Sie entzieht sich dem Bann des Todes, der sie gefangenhielt. Ihre Kraft, sich umzuwenden, ist das erste Anzeichen dafür, daß es doch weitergehen könnte, wo bisher anscheinend nichts weiterging.
Freilich, auch jetzt ist es noch nicht so weit, und Maria ist noch nicht durchgedrungen zu ihrer Osterer-

fahrung. Das kommt darin zum Ausdruck, daß sie den auferstandenen Christus sieht, aber nicht erkennt. Sie hält ihn für den Gärtner. Und es muß erst dazu kommen, daß der Auferstandene selbst sie anredet. Er sagt zunächst nicht viel. Ein einziges Wort. Ihren Namen: »Maria!«

Was bedeutet das? Wir sprechen jemanden mit seinem Namen an – und zwar nur mit seinem Namen! –, wenn wir ihn wecken wollen. Die Mutter ruft morgens früh ihr Kind beim Namen, wenn sie es wach machen will. Einen Träumer nennt man beim Namen, um ihn sozusagen in die Wirklichkeit zurückzuholen. Etwas Ähnliches, aber in einer ganz anderen Dimension, in einer viel weiterreichenden Bedeutung, geschieht auch hier. Der auferstandene Jesus nennt Maria beim Namen, und damit weckt er sie buchstäblich auf. Sie war traurig und betrübt über seinen Tod. Und im Betrübtsein, das sagt schon dieses Wort, herrscht das Trübe vor, nicht die Klarheit, nicht das Helle und nicht das Wache. In dem Augenblick, in dem Jesus Maria mit Namen anredet und buchstäblich aufweckt, wendet sie sich ihm ganz zu und sagt: Rabbuni, mein Meister! Diese Wendung ist die volle Ostererfahrung der Maria. Jetzt kann sie das: sich von der Gruft und von ihrem Fixiertsein auf den Tod abwenden und sich ihm zuwenden: dem lebendigen Christus und seinem Leben. Die Auferweckung Jesu und dieses Aufgewecktwerden der Maria gehören also ganz eng zueinander. Ostern ist eben etwas, das sich nicht außen abspielt und von außen betrachtet

werden kann. Es erschließt sich erst auf dem Weg; diesem Osterweg der Maria, der von den Äußerlichkeiten nach innen führt; dorthin, wo sich dann die Lebensboten Gottes, die Gestalten aus Licht zeigen und wo die Lebenskraft des Auferstandenen aufweckt zu einem neuen Leben.
Und wenn Christus die Maria so anruft bei ihrem Namen, dann schwingt da auch noch eine alte Erinnerung mit; nämlich an das schöne Wort des Propheten Jesaja: »So spricht der Herr. Fürchte dich nicht! Denn ich habe dich erlöst. Ich habe dich bei deinem Namen gerufen, du bist mein« (Jesaja 43,1). Die er bei ihrem Namen ruft und die sein sind, das sind dann eben Kinder der Auferweckung. Und es sind Kinder Gottes.

REINER STRUNK

Osterwind

Wir haben es den Blumen und Bäumen voraus:
Unsere Jahreszeiten
sind schneller.

Der Tod
steigt im Stengel unseres Traums,
alle Blüten werden dunkel
und fallen.
Kaum ein Herbst. Der Winter kommt
in einer Stunde.

Doch da ist keine Wartezeit,
sicheres Warten
für kahle Zweige.

So wie der Vogel
innehält und sich wendet im Flug,
so jäh, so ohne Grund
dreht sich das Klima des Herzens.
Weiße Flügelsignale im Blau.
Auferstehung
all unserer toten

Blumen
im Osterwind
eines Lächelns.

HILDE DOMIN

Verzeichnis der Quellen

Rose Ausländer: Komm Engel. Aus: Und preise die kühlende Liebe der Luft. © 1988 S. Fischer Verlag, Frankfurt · *Pierre Bellemare:* Die alte Dame am Telefon; Zärtlichkeit. Aus: Der Mann, der nicht zu hängen war. © 1986 by Nymphenburger Verlagshandlung in der F. A. Herbig Verlagsbuchhandlung, München · *Schalom Ben-Chorin:* Eine Stimme zwischen den Welten. Aus: Der Engel mit der Fahne. © 1985 Bleicher Verlag, Gerlingen · *Walter Benjamin:* Ein Weihnachtsengel. Aus: Berliner Kindheit um 1900. © Suhrkamp Verlag, Frankfurt 1950 · *Werner Bergengruen:* Der Schutzengel. Aus: Die schönsten Novellen. © 1963 Verlags-AG Die Arche, Zürich · *Rudolf Braunburg:* Das Land unter dem Nordlicht. Aus: Keine Landschaft für Menschen. © 1979 Franz Schneekluth Verlag, München · *Christine Brückner:* Geboren am 24. Dezember 1945. Aus: Was ist schon ein Jahr. © Verlag Ullstein, Berlin · *Hilde Domin:* Osterwind. Aus: Gesammelte Gedichte. © 1987 S. Fischer Verlag, Frankfurt · *Ruth Elias:* Menschwerdung. Aus: Die Hoffnung erhielt mich am Leben. © 1988 Piper Verlag, München · *Albrecht Goes:* Begegnung in Ungarn. Aus: Aber im Winde das Wort. © G. B. Fischer und Co. Abdruck mit Genehmigung des S. Fischer Verlags, Frankfurt · *Johann Christoph Hampe:* Liebe ist stark wie der Tod. © Susanne Stein, Pullach · *Geno Hartlaub:* Die Engel sind Gottes Falken. Rechte bei der Autorin · *Arnim Juhre:* Die Heiligen Drei Könige; Den Boten sei Dank. Aus: Weihnachtsnachrichten. © 1988 Quell Verlag, Stuttgart · *Marie Luise Kaschnitz:* Sagt mir doch nicht es gäbe keine Engel mehr. © 1962 Claasen Verlag, Hamburg und Düsseldorf (jetzt Hildesheim) · *Willy Kramp:* Erste Liebe. © Helene Kramp, Schwerte-Villigst · *Ernst Lange:* Der Dreckspatz. © Beate Lange, Berlin · *Else Lasker-Schüler:* Gebet. Aus: Sämtliche Gedichte. © Kösel Verlag, München 1988 · *Kurt Marti:* Füreinander Engel sein. Rechte beim Autor · *Werner Reiser:* Der verhaftete Friedensengel. © Friedrich Reinhardt Verlag, Basel · *Reiner Strunk:* Die Lebensboten Gottes. Rechte beim Autor · *Christian Weber:* Der Engel. Aus: Noch Zeit für Gedanken. © 1987 Quell Verlag, Stuttgart · *Rudolf Otto Wiemer:* Es müssen nicht Männer mit Flügeln sein. © 1986 Quell Verlag, Stuttgart · *ders.:* Vom toten Kaufmann. Aus: Der dreifältige Baum. © 1987 Quell Verlag, Stuttgart.

Abbildungen

Nach Seite 16: Michaelskirche, Schwäbisch Hall; nach Seite 32: Kloster Iwiron, Athos; nach Seite 48: Kloster Karakalou, Athos; nach Seite 64: Kathedrale von Reims; nach Seite 112: Fresko in einer französischen Kapelle; nach Seite 128: Kloster Dionysion, Athos; nach Seite 144: Kathedrale von Bourges; nach Seite 160: Kloster Ambo Bola, Ägypten.